KB249733

조일래 목사와 행복을 만드는 사람들

조일래 목사와 행복을 만드는 사람들

강옥남 외 41인 지음

오늘

머리글

저는 지금 너무 행복합니다

수정교회를 지금까지 보살펴 주시고 이 뜻있는 간증 책을 발간할 수 있도록 인도해 주신 하나님께 먼저 감사와 영광을 올려 드립니다.

이 책은 수정교회와 담임이신 조일래 목사님을 중심으로 신앙생활을 하면서 하나님의 은혜를 체험한 성도들의 간증을 모은 것입니다.

세상에는 간증과 믿음에 대한 이야기가 많지만 이 책만큼 진실되고 생동감 있는 간증도 없지 않나 생각합니다.

사람들이 행복을 추구하는 것에는 여러 가지가 있습니다. 어떤 사람은 물질적인 풍요에서 행복을 찾기도 하고 어떤 사람은 사회적 성공이나 출세에서 행복을 찾기도 합니다. 그러나 여기 어려운 고난과 역경 속에서도 하나님을 찾고 하나님께 감사하며 행복해하는 하나님의 백성들이 있습니다.

예수님을 영접하면서 하나님의 크신 사랑을 만끽하며 영원히 살 수 있는 길을 알게 된 이야기는 이 책 외에도 많겠지만, 여기에 참여하신 분들의 삶과 신앙은 같은 성도로서 참으로 본받을 점이 많다고 여겨집니다.

수정선교센터의 완공을 눈앞에 두고 있는 지금, 그곳 역시 하나님의 은혜와 섭리가 하나의 커다란 간증으로 우리 성도들 모두에게 회자되리라 생각합니다.

저는 지금 너무 행복합니다. 그리고 이 책을 통해 예수 믿을 많은 사람들을 생각하면 우리 수정교회 교우들이 자랑스럽기만 합니다.

또한 제가 굳이 이 머리글을 쓰게 된 것은 이 책이 목적하는 바가 한 사람이라도 더 전도하는 것에 있으므로 부족한 제가 이 소임을 맡게 된 것 같아 감사할 뿐입니다.

이 책을 읽는 이로 하여금 하나님께 감사와 은혜의 시간이 된다면 더 바랄 것이 없겠습니다.

끝으로 이 책이 발간될 수 있도록 간증해 주신 성도님들과 원고를 수집하고 정리하느라 수고하신 안용환 집사와 문예순 권사님께도 감사의 말씀을 드립니다.

2003년 성탄을 앞두고
수정교회 남전도회연합회장 박찬숙

| 차례 |

머리글 / 저는 지금 너무 행복합니다(박찬숙) 6

주님의 일꾼이 되기까지 일어났던 몇 가지 일들(강옥남) 10

내가 전도한 사람이 사모가 되다(강정선) 17

세계 선교에 눈뜨게 되다(강흥기) 20

내 삶에 역사하신 하나님의 놀라운 기적(고영만) 23

주님의 때를 기다리며…(공성애) 32

수정교회를 통해 받은 하나님의 은혜(김경옥) 36

오랜 방황 끝에 걷게 된 목회자의 길(김명환) 41

내게 주신 비전을 생각하며…(김봉린) 51

아버지를 112에 신고하다(김성수) 56

중등부 교사를 하며 깨달은 것(김잔디) 62

친정 식구들을 위해 오늘도 기도합니다(김정심) 65

아들의 아픔을 통해 받은 은혜(김춘선) 70

큰 수술을 세 번이나 받는 큰 병을 통해…(김효중) 76

네팔로 간 우리 집 피아노(명재현) 82

총력전도 초청잔치에 163명을 초청하다(문예순) 88

주님! 감사합니다(박복순) 99

나를 명지 성모병원에 보내신 이유(박영이) 105

혹이 없어진 것만이 기적이 아니다(박영진) 110

수정교회가 아니면 안 되었던 일들(배정숙) 115

기관지 확장증으로 앞으로 5년밖에 못 산다는…(설종복) 122

남편 전도를 위한 20년 동안의 기도(소미경) 127

카드 빚에 얽힌 언니를 통한 깨달음(양미란) 132

확실히 네가 나를 믿느냐?(오성임) 137

하나님의 능력을 경험한 두 가지 사건(오승희) 142

아름답게 삶을 마감하신 나의 어머니(육종탁) 147

유방암이 낫고 건강해지면 전도에 힘쓸게요(이국화) 155

환란은 하나님의 초청장(이동련) 164

내가 성도가 되기까지 무슨 일이 있었나?(이영수) 172

하나님의 은혜 속에 걸어온 사모의 길(이은자) 177

그토록 찾아다닌 하나님은 내 안에 계셨다(이자희) 184

폐암 4기 판정을 받고…(임연락) 191

내 평생 잊지 못할 조일래 목사님(임원기) 197

나에게 다가오신 예수님(장명희) 201

주일학교 교사 직분을 얻기까지…(전하희) 208

아이가 우리 따라 지옥에 가겠다는데…(정선영) 214

주님, 제 남편을 꼭 장로로 만들어 주세요(정정자) 222

하나님을 만난 후 행복해진 나의 삶(조일래) 229

하나님은 살아 계시다(최외경) 235

창호야, 나를 위해 목숨을 내놓을 수 있느냐?(최창호) 239

수정교회는 나에게 은혜로운 터전이다(홍순모) 244

나의 고백(다니로 데이릿) 249

나의 두번째 삶(마리아 레오니다 빌레나) 252

너희는 먼저 그의 나라와 그의 의를 구하라.

그리하면 이 모든 것을 너희에게 더하시리라.

(마태복음 6장 33절)

주님의 일꾼이 되기까지 일어났던 몇 가지 일들

병원에 가서 의사 선생님께 보이자 놀라면서 어떻게 치료했느냐고 물었다.
나는 자신있게 "하나님께 기도했더니 치료해 주셨어요."라고 말씀드렸다.
의사 선생님은 "하나님이라는 분은 정말 대단하시네요…."

강옥남(집사)

1991년 9월 17일은 전정숙 집사님의 인도로 교회에 나간 내가 새롭게 태어난 날이다.

그 후 매주 교회에 출석하면서 조일래 목사님의 말씀을 들으며 지금까지 하나님 앞에 올바르게 살아오지 못했음을 깨닫고 회개했다. 말씀을 들을 때마다 흐르는 눈물을 주체할 수 없었고, 말씀을 읽을 때마다 지금까지 내 생각대로 살아온 것이 후회되어 바르게 살려고 노력했다.

어느 주일, 이제부터는 하나님 말씀대로 살아야겠다고 새롭게 다짐하면서 교회에 갔는데 마침 추수감사헌금 봉투가 눈에 띄었다. 불현듯 나도 헌금을 하고 싶다는 생각이 들었다.

집으로 돌아와서도 그 생각이 줄곧 머리 속을 떠나지 않았다. 경제적으로 어려워 부업을 하고 있었던 터라 나는 일을 하면서 기도했다.

"하나님 아버지, 저도 추수감사헌금을 하고 싶어요. 헌금할 수 있도록 해주세요."

그런데 신기하게도 거래처에서 결재일이 돌아오지 않았는데도 하나님께서 미리 결재를 하게 해주셔서 나는 감사의 첫 예물을 바칠 수 있었다. 그러고 나자 십일조도 드리고 싶었다. 그래서 이렇게 기도했다.

"제 형편을 잘 아시는 하나님, 지금은 너무 어려워서 십일조를 드릴 수 없으나 새해인 1992년 1월부터는 꼭 드릴 수 있게 도와주세요."

기도를 드리고 나자 우선 무엇이든 봉사를 해야겠다는 마음이 들었다. 그래서 교회에 가서 내가 할 수 있는 일을 두리번거리며 찾다가 화장실을 가보았다. 마침 청소가 안 되어 있어서 이제부터 화장실 청소로 봉사해야겠다는 생각이 들었다. 그래서 그때부터 화장실 청소를 시작했다.

화장실 청소를 하고 있는 어느 날, 유화열 권사님이 내게 이름이 뭐냐고 물으셨다. 머뭇거리고 있자 기도해 주신다고 하며 자꾸 이름을 물으셔서 하는 수 없이 이름을 가르쳐 드렸다.

청소를 다 끝내자 조 목사님께서 나를 부르셨다. 유화열 권사님이 목사님께 나에 대해 말씀드린 것 같았다. 나는 마지못해 목사님께 갔다. 목사님은 수박 한 덩이를 주시며 집에 가서 아이들과 함께 먹으라고 하셨다. 어느 성도님이 목사님 드시라고 사온 것이었다. 나는 죄송한 마음에 받지 않으려고 했지만 목사님께서 자꾸 권하셔서 할 수 없이 거절을 못하고 집으로 가지고 왔다.

그날 저녁, 마침 남편의 친목계를 우리 집에서 하게 되어 나는 목사님께서 주신 수박을 썰어 놓고 남편 친구들에게 전도했다. 그때 처음으로 전도라는 것을 해봤는데, 목사님께서 주신 수박이 전도의 도구로 쓰이는구나 생각하니 그런 기회를 주신 하나님이 참으로 감사했다.

어느 금요 심야기도회 때였다. 목사님께서는 신앙생활에 걸림돌이 되는 것은 모두 제거해야 한다고 말씀하셨다. 말씀을 들으면서 내 자신을 돌아보니 그 당시 집에서 재봉틀로 가방을 만드는 부업을 하고 있었는데 그것이 수요예배를 나오지 못하도록 방해한다는 생각이 들었다.

"하나님, 목사님께서는 믿음생활에 걸림돌이 되는 것은 버리라고 하셨는데 저는 부업 때문에 도저히 수요예배에 참석하지 못합니다. 수요예배에 참석할 수 있도록 도와주세요."

나는 그렇게 기도를 드렸다. 기도를 드린 이후 이상하게도 부업이 전혀 연결되지 않았다. 그래서 먹고 사는 것이 급했던 나는 파출부라도 해야겠다고 생각하고 있었으나 마음이 움직여지지 않았다. 그렇게 시간을 보내고 있는데, 남편이 정 안 되면 우유배달이라도 해보는 것이 어떻겠느냐고 했다. 나는 돌아다니는 일은 해보지 않아서 싫다고 말했다. 그러자 남편은 우리 집 형편상 내가 일하지 않으면 안 된다고 했다. 나는 마지못해 용기를 냈다.

우선 우리 집에 야쿠르트를 넣어 주시는 아주머니한테 이것저것 물어보았다. 그랬더니 하겠다면 자기 자리를 내주겠다고 했다.

난 그 일을 놓고 기도했다. 그러자 마음에 평안이 오면서 야쿠르트 배달을 하는 것이 좋다는 확신이 왔다.

나는 일을 하면서 점차 하나님께서 그 일을 전도하라고 주셨음을 깨달았다. 때를 얻든지 못 얻든지 전하라고 하신 말씀(딤후 4:2)을 믿고 나는 배달 일을 하면서 열심히 전도를 했다.

그러나 일이 쉽지만은 않았다. 많이 걸어야 하고 계단을 오르내릴 때가 많다 보니 다리에 이상이 생겼다. 심한 통증 때문에 다리를 구부릴 수 없을 지경까지 이르게 되자 무엇보다 괴로운 것은 화장실에 가는 것이었다. 주위에서 침을 한번 맞아 보라고 하여 보름 정도 맞았는데도 전혀 나아질 기미는 없고 통증만 심해져 갔다.

어느 날, 침을 맞고 있는데 문득 새벽기도회 시간에 목사님께 안수기도를 받으면 나을 수 있을 것이라는 생각이 들었다. 나는 집에 오자마자 감사헌금을 준비하고 다음날 새벽기도회에 갔다.

목사님께 안수를 부탁하여 기도를 받을 때, 나는 간절한 마음으로 "아멘! 아멘!" 하면서 믿음으로 받아들였다. 그렇게 새벽기도회 시간에 열심히 기도하다 보니 신기한 일이 생겼다. 구부러지지 않던 다리가 정상으로 돌아온 것이다. 나는 하나님께 너무 감사해서 날마다 수백 번도 더 감사기도를 드렸다.

그렇게 감사하면서 생활하고 있는데 또 하나의 시련이 다가왔다. 배달을 마친 후 제품을 정리하다가 발에 뜨거운 물을 쏟아 심한 화상을 입게 된 것이다. 나는 우선 소독부터 해야겠다는 생각에 집에 오자마자 소독을 했다. 그런데 그것이 오히려 화근이 되어 화상 부위는 더욱 악화되어 갔다.

병원에 가니 화상이 심해서 성형수술을 몇 번 하더라도 원래대로 회복하기는 어려울 것 같다고 했다. 담당의사의 말을 듣는 순간 마음속에 먹구름이 잔뜩 밀려오는 것 같았다. 그러나 내게는 하나님이 계신다는 생각이 들자 마음속의 먹구름은 다시 걷혀졌다. 집으로 와서 말씀을 읽는 가운데 욥기 5장 18절의 말씀이 다가왔다.

"하나님은 아프게 하시다가 싸매시며 상하게 하시다가 그 손으로 고치시나니."

주님이 내게 주신 말씀인 줄 믿고 난 그 말씀을 붙들고 열심히 기도했다. 그러자 하나님께서는 이번에도 발을 흉터 하나 없이 깨끗이 낫게 해주셨다.

병원에 가서 의사 선생님께 보이자 놀라면서 어떻게 치료했느냐고 물었다. 나는 자신있게 "하나님께 기도했더니 치료해 주셨어요."라고 말씀드렸다. 의사 선생님은 "하나님이라는 분은 정말 대단하시네요. 그럼 앞으로도 열심히 기도하세요."라고 말했다.

이후 나는 하나님께서 나를 너무 사랑하신다는 것을 느끼면서 날마다 감사하며 살기로 했다.

나는 교회에 등록한 후, 주일예배에 한번도 빠지지 않고 출석하고 하나님께서 시키시는 일은 어린아이같이 순종하며 믿음생활을 열심히 하리라 마음먹었다.

그러던 어느 날, 잠결에 전화 한 통을 받았다. 최복자 전도사님에게서 온 전화였는데 초등부 교사로 봉사하지 않겠느냐고 말씀하셨다. 나는 잠결에 그냥 "예."라고 대답해 버렸다.

다음날 아침에 생각해 보니 왠지 큰 실수를 한 것 같았다. 물론 하나님을 만나 큰 사랑과 기쁨을 얻었지만 아직까지도 내 자식들에게조차 사랑을 제대로 주지 못하고 있다는 생각이 들면서 어떻게 감히 그 일을 할 수 있을지 눈앞이 캄캄했다. 난 새로 시작하게 된 가게 일을 하면서 곰곰이 생각하다가 김심순 부장 집사님께 전화를 드렸다.

"다른 일은 모르지만 도저히 교사만은 할 수 없을 것 같아요"

난 전도사님께 말씀을 전해 달라고 부탁을 드렸다. 그러자 김 집사님께서는 나에게 '할 수 있다'는 말씀으로 용기를 주셨다. 난 다시금 순종하기로 마음먹고 말씀을 읽고 있는데 불순종과 순종에 대한 말씀이 눈에 들어왔다. 그 말씀을 통해서 하나님께서 다시 한 번 교사를 하라는 확신을 주셨다.

하지만 막상 어떻게 해야 할지 몰라 박영신 전도사님께 여쭤 보았다. 그러자 반 아이들의 이름을 한 명 한 명 불러가며 기도하라고 조언해 주셨다. 그래서 가게 문을 열자마자 제일 먼저 우리 반 아이들의 이름을 불러가며 기도했다. 그러자 하나님께서는 내가 하지 못할 것 같은 일들을 하나하나 이루어 가셨다.

먼저 내게 아이들을 사랑하는 마음을 갖게 하셨고 아이들을 전도할 수 있는 능력을 주셨다. 그러다 보니 우리 반 아이들이 하나 둘 늘어 혼자 감당하기 어려울 지경까지 이르렀다. 그래서 반을 나누어 다른 선생님한테 맡겼다.

그런데 제대로 관리가 안 되어서인지 맡긴 아이들이 많이 떨어져 나갔다. 그것을 보면서 얼마나 가슴이 아팠는지 모른다. 하나님께서 "내가 너에게 맡긴 아이들인데 왜 다른 사람에게 떠넘겨서 실족케 하느냐?" 하고 호통을 치시는 것 같았다. 그때 난 결심했다.

아이들이 아무리 많아도 하나님께서 내게 맡겨 주신 아이들은 끝까지 책임지겠다고……:

지금 우리 반 아이들은 10명 정도 된다. 이젠 혼자 감당할 수 있도록 능력을 주시는 하나님께 감사드린다.

어느덧 교사를 시작한 지도 벌써 9년째가 되었다. 긴 세월 동안 부족한 나에게 귀한 교사의 직분을 맡겨 주신 하나님께 감사드린다. 돌이켜 생각해 보면 아이들에게 하나님 말씀을 전할 때가 가장 즐겁고 행복한 시간이었다. 나는 내가 할 수 있을 때까지 교사로 하나님께 봉사하려 한다. 이런 다짐을 할 수 있도록 간증의 기회를 주신 하나님께 감사드린다.

우리 집은 얼마 전 이사를 하게 되었는데 이사를 하기 전에 나는 기도를 했다.

"헌 집이라도 좋으니 내 집을 가질 수 있게 해주세요."

하지만 하나님께서는 새 집을 마련하게 해주셨다. 이렇듯 하나님은 내가 구하는 것 이상으로 항상 좋은 것으로 채워 주신다.

내가 믿는 하나님은 멋지고 좋으신 분이다. 이 글을 읽는 분들이 좋으신 하나님을 믿어서 모두가 구원받고 행복한 삶을 사시기를 간절히 바란다.

내가 전도한 사람이 사모가 되다

"…얼마 전부터 내 옆을 지날 때마다 환하게 웃는 얼굴로 인사를 해서 무뚝뚝하고
조용하던 사람이 요즘 많이 변했다고 느꼈어. 그런데 오늘 네 말을 들으니 그 비밀을
알 것 같다. 나도 너처럼 되도록 그 복음을 말해 줄래?"

강정선(집사)

1976년 4월, 나는 직장의 한 친구를 통해 어느 선교단체 성경공부 모임에 참석했다. 그곳에서 복음을 듣고 나는 예수님을 나의 구주로 영접했다. 그리고 성경공부를 통해 구원의 확신을 얻게 되었다.

그 후 고린도후서 5장 17절의 "그런즉 누구든지 그리스도 안에 있으면 새로운 피조물이라. 이전 것은 지나갔으니 보라 새 것이 되었도다."라는 말씀처럼 주님은 내 안에서 이전에는 모르던 구원의 기쁨, 하나님의 자녀가 된 기쁨을 누리게 하셨다. 나는 그 기쁨을 누군가와 나누고 싶은 간절한 마음이 생겨서 우선 옆방에 근무하는 여직원에게 전해 보기로 했다.

어느 날 그 여직원과 말을 주고받다가 나에게 아주 좋은 일이 생겼는데 한번 들어 보겠느냐고 말했다. 그녀는 무슨 일인지 몹시 궁금하다며 점심시간에 나를 기다렸다. 나는 그녀에게 예수님을 알기 전 내 마음의 어두웠던 상태와 복음을 듣고 예수님을 영접한 후의 밝아진 마음에 대해 말해 주었다. 그리곤 달라진 가치관에 따른 변화된 삶에 대해 말하면서 나와 같은 기쁨을 함께 누렸으면 좋겠다고 말했다. 그녀는 내게 뜻밖의 말을 했다.

"우리가 서로 옆방에서 근무한 지 1년이 지났지만 인사도 없이 지냈는데 얼마 전부터 내 옆을 지날 때마다 환하게 웃는 얼굴로 인사를 해서 무뚝뚝하고 조용하던 사람이 요즘 많이 변했다고 느꼈어. 그런데 오늘 네 말을 들으니 그 비밀을 알 것 같다. 나도 너처럼 되도록 그 복음을 말해 줄래?"

나는 준비해 두었던 전도지로 즉시 복음을 전했다. 그리고 요한복음 5장 24절 말씀을 통해 복음을 듣고 믿으면 영생을 얻고 심판에 이르지 않고 사망에서 생명으로 옮겨진다고 말했다. 따라서 과거, 현재, 미래가 하나님 안에서 온전한 삶으로 변화되고 새로운 삶이 시작된다는 것을 말하고 예수님을 자신의 주인으로 영접할 것을 권유했다. 그녀는 잠시 생각에 잠겼고, 나는 마음속으로 간절히 기도했다.

이윽고 그녀는 항상 무슨 일이든 혼자 결정해야 하는 마음의 무거운 짐을 하나님께 내려놓고 기도하여 평안을 누리고 싶다고 말했다. 우리는 함께 예수님을 영접하는 기도를 드렸다. 그러자 그녀는 눈물을 흘렸다. 보잘것없는 나를 통해 하나님의 능력의 말씀이 역사하시는 것을 체험하면서 나도 모르게 감격의 눈물이 나왔다.

그 후 그녀는 자신의 감정의 변화에 대해 계속 이야기를 나누고 싶어했다. 우리는 매우 친한 친구가 되었다. 그리고 함께 교회에 나가고 성경공부 모임에도 나가게 되었다.

그녀는 다른 여직원들에게도 복음을 전했고, 결국 우리는 퇴근 후 사람들을 초청해서 함께 개인 전도를 했다. 전도는 하나님의 능력을 더욱 경험하는 기회가 되었다. 우리는 아침마다 30분 일찍 출근해서 주변 사람들을 전도하기 위해 기도했다. 그러다 보니 10~20여 명의 여직원들이 전도되었다. 우리는 교회 교육관의 한 방을 빌려서 1주일에 한 번씩 성경공부 모임을 가졌다.

나는 깨달을 수 있었다. 진정으로 기도하고 복음을 전했을 때 귀한 전도의 동역자를 주신다는 것을. 또한 삶을 함께 나눌 수 있는 좋은 친구를 주신다는 것을…….

내가 전도했던 여직원은 지금 충청도 곶천에서 사모로서 남편을 도와 열심히 목회 사역을 하고 있다. 그녀의 헌신된 삶의 모습을 보며 나는 감격을 금할 길 없으며 감사한 마음뿐이다.

세월이 흘러 지금은 그 회사를 퇴사한 지 오래되었지만 그때 뿌린 씨앗들이 영적으로 대를 이어 가면서 열매를 맺고 있고, 지금도 그곳에선 성경공부와 전도가 지속되고 있다.

지난날을 돌아보면서 젊은 청년 시절에 귀한 삶을 경험하게 하신 하나님의 은혜에 감사드린다. 앞으로도 내가 만나는 주변 사람들을 열심히 전도하고 싶다. 아울러 교회에서 하는 전도활동에도 적극적으로 참여할 것을 새롭게 다짐해 본다.

세계 선교에 눈뜨게 되다

나는 말씀을 반복해서 읽고 마음에 깊이 새겼다. 그러자 바로 이 말씀이
세계 선교를 뜻하는구나 하는 깨달음이 왔다. 난 마음을 고쳐먹고 그동안의 무지를 회개했다.
사도행전에 나오는 선교의 일꾼들이 머리 속에 하나하나 스쳐 지나갔다.

강흥기(집사)

국내 선교도 제대로 못하는 주제에 세계 선교가 웬말인가. 나는
세계 선교라는 것은 나와는 무관한 이야기라고 생각하며 살았다.
세계 선교 이야기만 나오면 "웃기지 마라, 우리나라에도 선교 대
상이 많다. 주변도 챙기지 못하면서 무슨 세계 선교냐." 하고 비아
냥거리기 일쑤였다. 그런 나에게 세계 선교에 대한 자그만한 불꽃
이 지펴지는 사건이 일어났다.

조일래 목사님이 어느 날 남대문 시장에 있는 우리 점포인 '다
니엘 아동복'에 심방을 오셨다. 목사님은 선교에 대한 설교를 하
시고는 우리에게 선교회원이 되라고 권면하셨다. 우리 부부는 엉
겁결에 "아멘." 하고 대답은 했지만 마음에 다가오지도 않고 세계

선교 자체가 부정적으로만 생각되었다.

목사님이 가시고 곰곰이 생각해 보니 하나님의 사자의 말씀을 그냥 흘려 버린다는 것은 뭔가 걸리는 것 같고 마음이 개운하지 않았다. 목사님의 말씀이 자꾸만 압박해 오는 것 같았다. 나는 세계 선교에 대한 마음 문을 열기 위해 새벽기도를 작정하여 열심히 기도에 매달렸다.

어느 날 송영선 목사님이 새벽기도회 시간에 동남아 선교에 대해 자세히 설명하셨다. 그때 성령께서 나에게 큰 감동을 주셨다.

그날 저녁 가정예배 시간에 또다시 2만 달러 정도면 동남아에 단독으로 교회를 세울 수 있다는 말씀을 듣자 마음에 강한 갈등이 생겼다. 사도행전 1장 8절 말씀을 찾아보았다.

"오직 성령이 너희에게 임하시면 너희가 권능을 받고 예루살렘과 온 유대와 사마리아와 땅끝까지 이르러 내 증인이 되리라 하시니라."

나는 말씀을 반복해서 읽고 마음에 깊이 새겼다. 그러자 바로 이 말씀이 세계 선교를 뜻하는구나 하는 깨달음이 왔다. 난 마음을 고쳐먹고 그동안의 무지를 회개했다.

사도행전에 나오는 선교의 일꾼들이 머리 속에 하나하나 스쳐 지나갔다. 이들의 세계 선교에 대한 열정이 있었기에 나도 예수를 믿은 것이 아닌가 하는 생각이 들었다.

세계 선교에 대해 긍정적인 사고를 갖게 되자 주저할 이유가 없었다. 나는 아세 목사가 주도하는 필리핀 마닐라 수정선교센터에 2만 달러를 선뜻 후원했다. 그리고 추가로 1,000여만 원을 더 후원했다.

그리고 세계 선교에 대한 열정을 피부로 느껴 보기 위해 필리핀, 베트남, 중국에 선교여행도 다녀왔다. 선교여행은 많은 것을 보고 배우게 했으며 움츠린 마음을 활짝 여는 데 큰 작용을 했다.

사랑하는 딸 소연이도 중국 선교사님이 운영하는 학교에 1년을 유학시키고 지금은 귀국중에 있다.

이러한 일련의 일들을 겪으면서 세계 선교를 위해 내가 해야 할 일이 무엇인가를 깨닫게 되었고 나에게 주신 달란트를 찾게 되었다. 또한 작은 일에 충성하면 더 큰 일에도 충성할 수 있다는 확신을 갖게 되었다. 이런 소중한 일에 동참하게 해준 수정교회와 선교 제일주의로 목회하시는 조일래 목사님께 감사드리고 또 감사를 드린다.

바울의 사역은 언제나 성령의 능력으로 이루어졌듯이 나에게도 그런 성령의 은사가 함께하기를 소원한다. 자칫 선교가 인간의 자랑과 공로로 비쳐지면 하나님께 온전한 영광을 드릴 수가 없기 때문이다.

예수 그리스도 자신도 선교사로 오셨으니 나도 예수님의 본을 받아 선교사 일꾼이 되기 위해 앞으로도 충성을 다할 것이다.

내 삶에 역사하신 하나님의 놀라운 기적

좌절과 절망 속에 시편 127편이 떠올랐고, 갑자기 욥이 생각났다.
그리고 하나님께서 지하 단칸방에 살게 하시다가 11층 아파트에 살게도 하셨으니
하나님만 의지하고 붙들어야 한다는 생각이 들었다.

고영만(장로)

"도가니는 은을, 풀무는 금을 연단하거니와 여호와는 마음을 연
단하시느니라(잠 17 : 3)."

먼저 이 말씀을 일찍부터 나에게 주신 하나님께 감사드린다. 난
이 말씀을 묵상하고 사모했기에 차디찬 역경도 이겨낼 수 있었다.

시대 상황이 어쩔 수 없었겠지만 나의 아버지는 경제적인 능력
은 없고 허구한 날 술마시기를 일삼으시며 어머니를 모진 매로 다
스리셨다. 결국 어머니에게 충격까지 주어 후천성 간질병까지 얻
게 하는 기막힌 가정환경 속에서 우리는 자랐다.

천만다행으로 어머니는 논산시 연무읍 마전리의 동네에서 전도
사의 전도를 받고 교회를 나가시게 되어 돌아가시는 날까지 새벽

기도회를 빠진 적이 없으실 정도로 신앙생활을 철저히 하셨다. 이러한 신실한 믿음으로 어머니는 의학적으로는 고칠 수 없다는 간질병을 완치받는 체험 신앙의 소유자가 되었다.

대여섯 살 때 고모의 손에 이끌려 교회에 나간 이후 이러한 어머니의 믿음과 기도 덕분에 나도 중학교 1학년 때 세례를 받고 그때부터 주일학교 반사로 일했다.

1979년 8월 15일, 군대에서 제대를 하고 곧바로 상경하여 대림동에 보증금 10만 원에 월 3만 원의 사글세를 내고 서울생활을 시작했다.

롯데쇼핑사원 1기 모집에 서류 심사에는 합격했으나 면접시험에 낙방하여 전전하다가 겨우 롯데알미늄 회사에 취직되어 직장생활을 시작했으나 10만 원의 각박한 봉급으로 겨우 목숨만 연명하는 정도였다. 그러나 십일조는 철저히 바쳤다. 그것은 시골 교회의 한의수 목사님의 영향으로, 십일조는 어떤 위급한 상황에서도 철저히 바쳐야 한다는 것이 머리에 각인되었기 때문이다. 특히 말라기 3장의 십일조에 대한 말씀은 내 삶의 규례였다. 나는 그 말씀을 붙들고 상경했다.

교회를 정하려고 여기저기 알아보고 있는데 어머니께서 동네 부근 2층에 교회가 하나 있다고 말씀하셨다.

나는 내심 군대 가기 전에 몇 번 가본 적이 있는 대림 2동 OO교회를 마음에 두고 있었다. 그렇지만 어머니가 원하는 곳부터 먼저 가보기로 했다. 일단 가보자고 해서 간 곳이 나의 운명과 역사를 바꾸어 놓은 수정교회다.

어머니와 여동생, 남동생 그리고 나까지 네 명이 한꺼번에 들이

닥치니 작은 개척교회인지라 매우 반갑게 맞이해 주었다. 누구보다 앞장서서 우리를 맞이해 주신 분이 이은자 사모님이다. 그분의 극진한 아낌과 배려 속에 우리 네 식구는 몽땅 교회에 등록하여 한평생 인연을 맺게 되었고, 이때부터 강한 하나님의 간섭이 이루어지게 되었다.

수정교회와 평생 인연을 맺은 것은 조일래 목사님의 순수하고도 강한 의지와 세계 선교관도 한 몫을 했다. 조 목사님은 선교에 관한 열정뿐만 아니라 인정이 넘치고 흔들리지 않는 원칙이 분명하신 분이다. 목사님의 이러한 모습을 발견하는 데는 그리 많은 시간이 걸리지 않았다. 그래서 평생의 신앙 동반자가 되기를 하나님께 기도했고 무엇이든지 시키면 순종하기로 결심했다. 그러면 복을 받을 것이라고 생각했다.

그 근본은 어려운 시골 생활 중에서도 반드시 첫 열매를 정성껏 준비하여 목사님께 드리고, 이유를 달지 않고 순종하며 어려운 생활 속에서도 최선을 다하여 봉사하며 헌신하는 어머니의 모습을 배웠기 때문이었다.

또한 목사님은 교회의 재정이 좋고 나쁘고 간에 청빈함을 잃지 않으시며 재정의 흐름을 파악하고 감독은 하시지만 교회 돈에 손대는 법이 없으셨다. 이것은 26년간 일관된 철학이시기도 하다. 돈에서 한 발 물러서는 것이 목회 성공의 제1조가 된 셈이라고 나는 확신한다. 그러한 청빈에서 강한 리더십이 나온다고 여겨진다.

목회 활동비도 일일이 사적으로 장부 정리를 하여 돈에 관한한 명쾌하게 만들어 가시는 분이다. 교회에 큰 일이 있을 때 생활비를 몽땅 교회에 바치고 생활은 하나님께 맡기는 담대한 모습도 보여 주신다. 이러한 목사님의 인간적인 존경심이 수정교회와 조 목사님 그리고 나를 화학작용하게 만든 셈이다.

수정교회의 부흥과 떼어놓고 생각할 수 없는 분이 이은자 사모님이다. 지금 그분이 전도한 사람이 장로에서부터 권사, 집사, 권찰 등 수많은 사람이 수정교회의 뿌리가 돼가고 있다. 그리고 크고 작은 교회 행사 때 아름다운 찬양으로 우리에게 은혜를 주고 계시기도 하다.

또한 내가 직장도 없이 단칸 사글세 방에서 생활할 때 우리 집에 심방 오셔서 격려와 기도를 아끼지 않으셨는데, 참으로 잊을 수 없는 일이다.

수정교회에서 난 아내를 만나 결혼했다. 내가 1979년에 수정교회에 등록을 했으니 수정교회 기준으로 볼 때는 2년 선배가 되고 인생으로 볼 때도 선배가 되는 이국화 집사를 아내로 맞이했다.

한마디로 이 집사는 하나님께서 짝 지워 주신 소위 천생배필이다. 앞으로 수십 년이 지나 육신은 흙으로 돌아가고 영혼은 천국에 갈 때까지 난 아내의 향기를 품고 살아갈 것이다.

수정교회 초창기에 서로가 미혼으로 교회 봉사를 하고 있을 때였다. 난 청년회를 잘 나오지 않는 이국화 선생(현재 집사)을 종종 집으로 찾아갔는데 한번은 집에 가서 무릎을 꿇고 앉으라고 하고 손을 달라고 해서 두 손을 잡고 기도하는 중에 이국화 선생과 결혼하게 해달라는 기도가 나와 버렸다.

기도가 끝나자 이국화 선생은 눈물을 흘렸다. 서너 번 만나고 바로 결혼 신청을 한 셈이다. 우리는 주위의 반대를 무릅쓰고 결혼했다. 장모님이 되시는 지금의 임원기 권사님만이 우리의 결혼을 적극 지지하셨다.

청년 시절인 1979년, 차보근 목사님을 모시고 부흥회를 할 때였다. 건축헌금 약정을 하려고 강사 목사님이 금액을 매기는데 3,000만 원, 1,000만 원, 500만 원, 400만 원, 200만 원 할 때 나는 손을 번쩍 들었다. 그때 보통 방 한 칸 전세가 100만 원 정도 할 때였다. 실업자인 나에게는 무척이나 큰 돈이었다.

그 일로 인해 큰 감동이 밀려와 간절히 기도했다. 결혼 후 시골에서 '쌀계'를 들어 미리 타서 헌금을 했다.

11만 원 월급에서 이것저것 떼고 집에 가져오는 돈은 거의 없을 정도였다. 생활도 점점 어려워지고 꼬이기 시작했다. 본당 입당 후 어쩌다가 교회에서 성도들이 우리 집에 심방을 오시면 달랑 단칸 셋방에 사는 모습을 보고 오는 사람마다 놀라곤 했다. 아내는 월급 타는 날은 통닭 한 마리 사는 것이 큰 낙이라고 할 정도였다.

생활고가 너무 극심하다 보니 시험이 들어 몇 주간 교회를 안 나가기도 했다. 교회는 성장하는데 왜 나는 이렇게 어렵고 고달픈가 하는 생각에 갈등과 번민이 계속되었다.

그 즈음, 조일래 목사님은 계속 사업을 하라고 권유하셨다. 나는 그러실 때마다 오히려 거부감이 생겼다. 밑천도 없는데 무슨 사업을 어떻게 할지 막막하기만 했기 때문이다. 목사님은 "길가에서 과일 장사를 하더라도 하루 매상이 하기에 따라서는 1만 원, 10만 원, 100만 원도 될 수 있다."고 말씀하셨다. 축복의 그릇을 준비하라고 권면하신 것이다.

목사님 말씀을 그냥 흘려 버릴 수는 없다 싶어서 1989년에 들어서면서 나는 공개적으로 기도 제목을 정하여 1년 동안 합심 기도와 개인 기도를 드렸다. 1989년 12월 31일, 송구영신예배를 드리는데 정성스런 예물과 기도 제목을 관례에 따라 세 가지를 써냈다. 사업과 장막과 건강을 달라는 세 가지 기도 제목을 가지고 성전 앞자리에 앉아 예배드리는 순간부터 폭포와 같은 눈물이 쏟아졌다. 예배 시작부터 끝날 때까지 나는 울기만 했다.

그 은혜 체험을 하고 난 뒤 1990년 여름, 퇴직 후 중학교 친구의 도움으로 동업을 하기로 하고 여러 가지 우여곡절 끝에 1990년 9월 15일, 오늘날의 현우산업의 모태가 된 공장을 설립하게 되었다.

나름대로 열심히 노력한 끝에 회사가 잘 되어 나가던 시점인 1994년 9월, 화재로 공장이 전소되었다. 주일이면 쉬는 공장, 예수 믿는 사장, 한 달에 한 번 예배드리는 회사……. 이런 식의 기독교 홍보형 공장에 갑자기 화재가 났으니 한순간에 공장 부근의 주민들에게 비아냥거림과 조소거리가 되었다. 나의 부실로 인해 하나님의 영광을 가리는 것이 더 괴로웠다.

공장이 전소되던 날, 나는 아내와 두 아들을 데리고 집에서 먼저 하나님께 예배드리며 아이들과 아내에게 당부했다. 지하 단칸방에서 11층으로 이사왔는데 또 지하로 갈지 모르겠다고. 그렇지만 일평생 주님만을 바라보며 살자고…….

공장 전소 사실을 알고 수원에서 부흥회를 인도하시던 조일래 목사님께서 사모님과 함께 오셔서 통성기도를 제의하는데 이판에 무슨 통성기도인가 하며 속으로 짜증스럽고 창피한 생각이 앞섰다. 목사님은 혼신의 힘을 다해 장시간 기도를 드리고 가셨다.

이런 좌절과 절망 속에 시편 127편이 떠올랐고, 갑자기 욥이 생각났다. 그리고 하나님께서 지하 단칸방에 살게 하시다가 11층 아파트에 살게도 하셨으니 하나님만 의지하고 붙들어야 한다는 생각이 들었다. 욥의 고난에 비하면 아무것도 아니라는 생각과 함께 "주신 자도 여호와시요 취하신 자도 여호와시오니 여호와의 이름이 찬송을 받으실지니이다." 하는 욥의 고백이 마음에 와닿았다.

보험금으로 우여곡절 끝에 다시 재기를 시도하여 안산 공장을 몽땅 부채로 건축했다. 그런데 1년 남짓 운영하다가 이번에는 6억 부도를 맞고 또 쓰러졌다. 82kg 나가던 몸무게가 70kg으로 뚝 떨어져 건강마저 위태로울 지경이었다. 이 충격으로 어머니가 쓰러지시고 말았다. 종합검진 결과 위암에 간암까지 겹쳤다는 것이었다.

그동안 고생시켜 드린 것이 너무 죄스러워 안방을 어머니께 내드리고 우리는 작은 방을 사용했지만, 그것도 마다하시고 교회 골방 같은 기도 방에서 기도하시며 생활하셨다. 그리고 몸이 불편하여 집으로 다시 들어오신 지 석 달만에 돌아가셨다.

운명하시기 직전, 한계에 다다른 몸을 추슬러 찬송가 545장 '하늘가는 밝은 길이 내 앞에 있으니'를 부르시고 다음날 아침 하나님의 부르심을 받으셨다. 회사가 쓰러질 당시에 돌아가셨으니 따뜻한 간호도 해드리지 못한 셈이다.

회사는 부도가 나서 거덜나고, 어머니는 돌아가시고, 아내는 유방암에 걸려 생사를 넘나들게 되었다. 하필이면 이때 회사가 망해 채권자들 때문에 집에 잘 못 들어갔으니 아내 혼자 지칠 대로 지쳐 있을 때였다.

부자는 망해도 3년 먹을 것이 있다는 속담대로 6억 부도 중에 살아 있는 4,000만 원짜리 금풍어음이 한 장 있었다. 동생은 그것으로 전세라도 다시 하나 얻으라고 했지만 그때 침 교육관 대지 구입 중도금 지불을 위해 온 성도가 기도하고 열중할 때였다. 어차피 이 돈으로 빚을 다 갚을 수도 없고 회사를 살릴 수도 없는 형편이니 4,000만 원을 어음 할인하여 전액 교육관 건축 헌금을 하자고 작정하고 실행했다. 즐겁고 보람되는 일을 했다는 생각이 두고두고 들었다.

야고보서 1장 2절에 "너희가 여러 가지 시험을 만나거든 온전히 기쁘게 여기라."고 하신 말씀을 실천한 것 같았다. 시험은 오히려 인내를 통하여 믿음을 성장시키는 데 밑거름이 된다는 것도 깨달았다.

나는 우리 교회에서나 어디서든 아내의 투병생활을 이야기할 때면 민망스럽게도 흐르는 눈물을 주체할 수가 없다. 지금 아내는 관악산 등산을 하면 나보다 더 빠르게 산을 오르내린다.

현우산업도 하루가 다르게 변화하고 성장을 거듭한 끝에 금풍을 인수하면서 하나님의 은혜와 섭리에 놀라지 않을 수 없었다.

어느 날 동종업체로 썩 잘나가고 있는 금풍을 인수하라는 제의가 들어와 믿기지를 않았다. 금풍의 경영주든 소유주든 교분이 있는 처지도 아니었다. 더 좋은 조건으로 매각이 가능한데 굳이 나를 선택한 것이다. 곡절 끝에 매입 결심을 했지만 당장에 계약금 4억이 문제였다. 거래은행에서 선뜻 4억을 대출해 주어 온갖 우여곡절 끝에 매입할 수 있었다.

하나님의 놀라우신 역사는 사람을 통해서 역사하신다는 것을 체험했다. 또한 무슨 일이든 먼저 시작하는 사람이 영웅이란 말이 있다. 이 말의 의미는 먼 훗날 성도님들 앞에 간증으로 답하겠다. 이 새로운 믿음의 출발이 불로동 수정선교센터로 이어지기를 소원한다.

수정선교센터 건립 과정에서도 고비고비마다 막히면 뚫어 주셨고 굽으면 펴주신 분이 하나님이셨다. 빌립보서 4장 8절에 "아무것도 염려하지 말고 기도와 간구로 너희 구할 것을 감사함으로 하나님께 아뢰라."고 하신 것처럼 하나님께서 아름답게 마무리해 주실 줄 믿는다.

끝으로 믿음은 하나님께 나가는 길이요, 모든 것을 넉넉히 이기는 길이라는 말을 남기고 싶다.

주님의 때를 기다리며…

부모님의 핍박이 시작되었다. 너무 열심히 신앙생활하는 내 모습이
마음에 들지 않으셨는지 교회에 가려고 하면 문을 잠가서 창문을 넘어야 했고,
내 앞에서 예수님을 비난하시며 성경책을 찢으셨다.

공성애(성도)

나는 어릴 적부터 몸이 참 약했다. 특별한 병명도 없이 1년에 한 두 번씩 머리가 깨질 듯 아파 오고, 눈을 감고 있으면 무언가가 앞에서 빙빙 돌며 괴롭게 하여 늘 약을 달고 살았다.

그러던 어느 날, 초등학교 5학년 때의 일이다. 여름성경학교를 열어 노방전도를 하시던 전도사님의 손에 이끌려 동네의 장로교회에 갔다. 나는 한 번도 빠지지 않고 참석하는 사람에게 큰 선물을 주겠다는 전도사님의 말씀에 호기심이 생겨 한 번도 빠지지 않고 출석했다.

하루, 이틀 시간이 흘러 캠프를 하는 마지막 날이 되었다. 나는 그날 예수님을 내 마음에 모시게 되었고, 내가 예수님 앞에 진정

으로 죄인임을 깨달았다.

예수님을 영접한 후 내 삶은 변하기 시작했다. 나를 그토록 괴롭혔던 질병들이 내 몸에서 사라져 약을 먹지 않게 되었고 건강한 몸으로 살 수 있게 되었다.

그런데 몸은 아프지 않았지만 부모님의 핍박이 시작되었다. 너무 열심히 신앙생활하는 내 모습이 마음에 들지 않으셨는지 교회에 가려고 하면 문을 잠가서 창문을 넘어야 했고, 내 앞에서 예수님을 비난하시며 성경책을 찢으셨다. 또 나를 너무도 아끼며 사랑해 주시던 아버지가 매를 들기도 하시는 등 나의 신앙생활은 점점 어려워져만 갔다.

중1 때, 겨울 수련회를 가는 날이었다. 너무도 가고 싶은 마음에 수련회에 가면 집에 들어오지도 말고 교회에서 살라며 화를 내시는 부모님 말씀을 어기고 나는 무작정 짐을 챙겨 수련회 장소로 출발했다. 도착하자마자 부모님께 "저 수련회에 왔으니까 걱정하지 마세요. 잘 마치고 갈게요."라는 전화 한 통만 드리고 수련회에 참석했다. 난 부모님을 위해 간절히 기도했다.

감사한 것은 수련회 첫날부터 마지막 날까지 하나님께서 한없는 은혜를 부어 주셔서 내 입에서 "주님, 내가 여기 있사오니 나를 보내소서."라는 고백이 나왔다는 것이다. 나는 주님을 위해 평생 살겠노라 다짐하며 목사님께 축복 기도까지 받았다.

드디어 수련회를 잘 마치고 떨리는 마음으로 집에 도착해 보니 이모부님이 와 계셨다. 아버지는 모처럼 만나신 이모부님 덕분에 기분이 좋으셨던지 그날 저녁 나를 내쫓지 않으시고 아무런 꾸지람도 하지 않으셨다.

부모님의 반대는 여전하고, 그런 나를 보시기에 안타까웠는지 어머니께서 오빠와 함께 수정교회에 다닐 것을 권유하셨다. 그렇게 하여 나는 중2 때 수정교회에 등록하게 되었다.

그때가 마침 학생회 하계수련회 준비 기간이었다. 나는 찬양단에서 봉사하기로 하고 찬양단 연습과 기도회에 참석하면서 이번 수련회를 통해 성령 충만을 체험할 수 있게 해달라고 기도했다.

주님은 나의 기도를 들으시고 수련회 첫날 성령 세례와 방언 은사를 받게 하셨다. 성령을 충만히 받은 후 삶에 변화가 나타났는데 늘 기쁨과 감사, 찬양이 흘러나왔고 말씀이 깨달아지기 시작했다. 그리고 나의 신앙생활을 늘 못 마땅히 여기시는 부모님을 기쁘게 해드리는 일이 무엇일까, 또한 교회에 가는 것을 반대하시지 않는 방법이 무엇일까? 하는 고민을 하게 되었다.

학생의 본분을 지켜 열심히 공부하는 것이 부모님께 가장 큰 기쁨이 된다는 것을 머리로는 알고 있었지만 가슴으로 느끼게 되었고, 그때부터 학업 태도가 바뀌게 되었다. 공부를 하기 전 더 열심히 성경을 읽고 기도하며 앞으로의 진로를 위해 기도했다.

때마침 IMF로 인해 경제가 어려워지자 그 영향이 우리 가정에도 미쳐 부모님은 학비까지도 부담스러워하실 정도로 가사가 기울었으나 난 장학생으로 선발되어 학비를 면제 받고 졸업할 수 있었다. 그리고 좋은 직장에 취직하게 되어 학교와 가정에서 주님께 영광을 돌릴 수 있었다. 그런 내 모습을 보신 부모님도 마음이 많이 열리게 되어 그토록 거부하시던 복음을 전할 때면 웃으시며 나의 말을 들어주시곤 했다.

조일래 목사님도 부모님 구원을 위해 몇십 년 기도하셨다고 하시듯이 나도 9년째 부모님의 구원을 위해 기도하고 있다.

가끔 기도에 속히 응답해 주시지 않는 하나님께 불평도 했지만 "눈물을 흘리며 씨를 뿌리는 자는 기쁨으로 단을 거두리로다(시 126:5)."는 말씀을 통해 위로해 주시고 낙심된 마음에 새 힘을 부어 주신다. 몇 년 전부터 큰이모, 작은이모, 작은아버지 가정에서 먼저 주님을 섬기도록 구원의 은혜를 베푸셨다. 이제는 서로 기도의 동역자가 되었다는 사실이 얼마나 감사한지 모른다.

주님께서 가장 좋은 시기에 가족 구원을 반드시 이루어 주시리라 믿으며 우리 가정을 통해 수많은 영혼들이 하나님 앞에 예배하는 날이 꼭 오리라 믿는다.

하지만 이런 나도 주님의 뜻보다는 내 생각과 결정을 우선으로 하고 온 맘과 뜻을 다해 주님을 섬기지 못했던 적도 있었다.

지난 겨울 중등부 학생·교사 수련회를 통해 지나간 한 해 동안 말씀에 굳게 서지 못했고 예배에 집중하지 못했던 내 잘못된 모습을 깨닫게 해주셨으며 중등부 교사들을 통해 위로와 도전을 받게 해주셨다.

나에겐 꿈이 있다. 나는 오늘도 회사의 책상 앞에 놓인 조그만 세계 지도를 보며 기도한다.

"주님, 모든 족속을 사랑으로 품게 하소서. 살아 있는 동안 주님이 만드신 모든 나라를 돌아보며 하나님의 복된 소식을 전할 수 있도록 나의 지경을 넓혀 주소서."

또한 "네 자손을 하늘의 별과 같이 번성케 하며 이 모든 땅을 네 자손에게 주리니 네 자손을 인하여 천하 만민이 복을 받으리라 (창 26:4)."는 말씀이 나로 인해 성취되길 간절히 기도드린다.

수정교회를 통해 받은 하나님의 은혜

그래도 아버지께 잘 말씀 드리고 주일 새벽마다 수정교회를 향해
열심히 달려간다. 꼭 그렇게까지 수정교회로 와야 하느냐는 분도 계시겠지만
내가 반드시 수정교회를 와야 하는 이유가 있다.

김경옥(집사)

나의 아버지는 목사님이셔서 그야말로 어릴 적부터 지겹도록
'예수' 소리만 듣고 자랐다. 그래서 나는 내 신앙 전선에 아무런
문제가 없다고 자처하며 살았다.

시골에서 고등학교를 졸업하고 서울에 취직이 되어 부모님 슬
하를 떠나 처음으로 객지생활을 하게 되었다.

아버지는 서울에 가면 나가라고 두세 교회를 말씀해 주셨다. 그
런데 시골에서 갓 상경한 촌뜨기가 도시의 큰 교회에 나가니 내
몸에 맞지 않는 옷을 입은 것처럼 어색했다. 그래서 얼마 안 가 작
은 교회로 옮겼다. 그곳에서 2년 동안 주일학교 교사와 성가대원
으로 열심히 봉사했다.

그러던 중 다니던 회사가 주일에 출근하는 횟수가 잦아지면서 점점 하나님을 멀리하게 되었다. 그때는 교회보다는 회사에 충성하는 것이 앞으로 내가 성공하는 데 지름길일 것 같은 생각을 했다. 그래서 회사 일이라면 열 일 제쳐놓고 밤을 새면서라도 열심히 했다. 아마 지금까지도 그렇게 열정적으로 일해 본 적은 없을 것이다.

그런데 그렇게 혼신을 다해 일한 회사가 갑자기 부도를 맞게 되었다. 첫 직장생활에 어처구니없는 일을 당한 것이다. 사장님은 잠적하고 여기저기 빚쟁이와 세무서 등에서 들이닥쳐 날마다 생지옥 같은 생활을 했다. 나는 경리 업무를 맡고 있던 터라 온갖 뒷수습과 마무리를 다 해야 했다.

6개월간 이리저리 불려 다니며 어린 나이에 마음고생이 이만저만이 아니었다. 그러니 마음속에 무슨 하나님이 들어올 틈이 있었겠는가? 완전히 내 자신이 주인이었다. 그렇게 깨닫지 못한 채 나는 계속해서 내 편리에 따라 믿음생활을 했다.

1992년 말, 새로운 직장으로 옮기게 되면서 대림동으로 이사 오게 되었다. 아버지는 대림동이란 얘기만 들으시고 무조건 수정교회 조일래 목사님을 찾아뵙고 아버지 얘기를 하라고 하셨다. 그러나 난 그런 식으로 얽히는 것이 싫었다. 아마 그때 내가 목사님 딸이라는 것을 아셨다면 조 목사님께서 그냥 내버려두지(?) 않으셨을 것 같다.

이 교회 저 교회 기웃거리다가 1993년부터 주일예배만 살짝 드리는 정도로 다녔다. 그렇다고 다른 교회에 갈 마음은 없는데 쉽게 등록이 되질 않았다. 그런데 강단 위에 서신 조일래 목사님을

뵐 때마다 소박하고도 진실한 모습과 경상도 사투리에 애교까지
(?) 있으시고, 확실히 알아듣지는 못했지만 알기 쉽게 말씀을 전하
시는 것에 점점 끌리기 시작했다. 그래서 자진해서 교회 등록을
하고 주일을 꼬박꼬박 지켰다.

어느 주일, 지금의 선교 교육관 대지 구입 헌금을 약정하는 날
이었다. 강국창 장로님 말씀에 난 망설일 것도 없이 얼른 200만
원을 적어냈다. 그렇지 않아도 많은 성도님들이 본당을 건축하느
라 애쓰셨는데 몸만 달랑 와서 예배드리는 것이 너무도 죄송스럽
던 차에 나에게도 그런 기회가 주어진 것이 너무 감사했다. 그제
야 목사님과 성도님들께 미안함이 감면된 기분이었다. 그러면서
수정교회에 애정을 갖게 되고 구역으로 편성되면서 구역장이신
이은자 사모님을 만나게 되었다.

사모님은 구역예배와 심야기도회까지 단 한 시간도 놓치지 않
도록 신앙 관리자 역할을 해주셨다. 그리고 항상 말씀과 기도로
스스로 주님의 은혜에 감동하여 주님의 일을 하게 하셨다. 그로
인해 주님과 만나는 시간이 많아지고 성령의 역사로 가슴은 점점
뜨거워지면서 지난날의 잘못된 신앙생활을 회개하고 진심으로 주
님을 나의 주인으로 다시 맞아들였다.

그 후로 주님께 드리는 모든 물질을 기쁨으로 드리게 되었는데
망설이거나 아깝다는 생각이 한 번도 들지 않았다. 부족하지만 늘
드리고 싶은 마음뿐이었다. 성령의 역사가 아니면 내가 이렇게 변
할 수 없었을 것이다. 하나님의 세계는 참으로 놀랍다.

여전도회 입문과 유년부 교사로 봉사하게 된 것도 이은자 사모
님의 권유였다. 그분은 한마디로 나를 축복의 길로 인도하신 분이

다. 나는 여전도회 활동과 교사를 하면서 봉사의 참맛을 알았다. 충성과 헌신이 곧 축복과 직결된다는 사실을 깨닫고 나니 주의 일이 흥이 나서 더욱 열심을 품게 되었다.

이웃 초청주일 행사를 후원하면서 또 다른 영혼에게 전도하는 경험도 할 수 있었다. 예배만 살짝 드렸던 얌체 교인 시절을 만회하기 위해서라도 앞으로 주님을 더욱 열심히 섬기겠노라고 주님 앞에 신실한 결단을 하게 되었다.

나는 지금 8년째 유년 1부 교사로 일하고 있으며 2년째 부장으로 봉사하고 있다. 1부 예배시간이 빠르다 보니 잠이 덜 깨서 오는 아이, 친구들과 장난치다 정신없어 옷을 놓고 가는 아이, 집에 있는 동생에게 갖다 준다며 간식 하나 더 달라고 떼쓰는 아이, 게임 방법을 이해하지 못해서 상대편을 유리하게 하는 아이 등 온갖 일들이 많지만, 아이들이 어떤 행동을 해도 그저 예쁘고 귀하기만 하다. 그 속에서 예수님을 영접한 아이들이 말씀에 귀를 기울이거나 두 손을 가슴에 모으고 기도하는 모습을 보면 교사라는 직분의 소중함과 보람을 느낀다. 그래서 주일마다 아이들과의 만남이 마냥 기다려진다. 그리고 아이들을 가르치면서 순종에서 얻은 또 하나의 기쁨이 충만해지는 것을 느낀다.

작년 사무총회 때 부장으로 임명된 사실을 알고 앞이 캄캄했다. 몇 년간 윤 권사님께서 너무도 탄탄히 굳히신 자리여서 내가 그 자리에 앉으면 바로 주저앉을 게 뻔했다. 그러나 모든 것이 하나님의 뜻이라는 것을 알게 되었다.

나는 지금 주님의 은혜로 직장에서도 인정받는 일꾼으로 일하고 있다. 기업의 확장으로 충남 예산에 공장을 설립하고 서울에 있던 본사가 이전하면서 난 갑자기 이사를 하게 되었다. 이사를 오면서도 교회에 대한 것은 전혀 흔들림이 없었다. 내가 확고해서인지 주변의 집사님들도 대수롭지 않게 생각하셨다. 거리는 왕복 240km, 소요시간은 3시간 정도이니 서울에서 공장까지 출장 다니는 셈 치면 되었다. 그런데 문제는 아버지가 목회하시는 교회가 집에서 2분 거리에 있다는 것이다. 그렇지 않아도 농촌교회에 일꾼이 없던 터라 무척 기대를 하셨나 보다.

아버지는 내가 작년에 부장직을 맡고 있다 내려왔기 때문에 마무리는 해야 하지 않겠느냐며 이해하셨지만, 올해 또 부장을 맡았다고 하니 완강하게 나오셨다. 거리로 보나 무엇으로 보나 교회를 옮기는 것이 백번 마땅하다는 말씀이셨다. 그러다 보니 회사에서도, 성도들 사이에서도 걱정의 목소리가 흘러나왔다.

그래도 아버지께 잘 말씀 드리고 주일 새벽마다 수정교회를 향해 열심히 달려간다. 꼭 그렇게까지 수정교회로 와야 하느냐는 분도 계시겠지만 내가 반드시 수정교회를 와야 하는 이유가 있다.

첫째, 나를 기다리는 아이들의 눈망울을 잊을 수가 없어서이다.

둘째, 조일래 목사님 같은 분을 어디 가서 또 만날 수 없을 것 같아서이다. 개인 욕심은 조금도 찾아볼 수 없고 오직 주님과 교회와 성도만을 위해 애쓰시는 목사님, 그리고 성도들의 작은 일에도 늘 감사와 고마움으로 대하시는 모습이 너무 존경스럽다.

셋째, 수정교회를 너무 사랑하기 때문이다.

"그러니 내 사정을 잘 아시는 수정교회 성도님들! 걱정해 주시는 만큼 오가는 길에 안전 운행을 하도록, 그리고 저에게 더 많은 간증거리가 생길 수 있도록 많은 기도 부탁드립니다."

오랜 방황 끝에 걷게 된 목회자의 길

"주님, 감사해요, 감사해요. 이 사망의 몸을 십자가로 구원해 주시니 감사합니다."
나는 계속해서 눈물로 감사 기도를 드렸다. 나는 이것이 진정으로 예수님을 만난 것이라는
것을 나중에 알게 되었다. 주님이 내 안에 계신 것이 무엇인지 그제야 알게 된 것이다.

김명환(전도사)

나는 모태신앙으로 태어났다.

내가 막 돌이 지났을 때, 하나님의 큰 은혜를 받으신 어머니는 주님의 종이 되겠다며 서울신학대학에 들어가셨다고 한다. 물론 할머니의 반대가 심하셨다고 한다.

어머니는 신학대학에 입학하신 후 곧바로 전도사 사역을 시작하셨다. 어머니는 새벽기도회를 빠지지 않고 다니셨는데 추운 겨울에도 나를 등에 업고 새벽기도회에 나가 기도를 하셨다. 아마 그때 어린 나를 등에 업으셨으니 나를 위해 많은 기도를 하셨으리라 생각된다.

내가 어릴 때 우리 집은 이사를 많이 다녔다. 그것은 어머니의

교회 사역 때문에 사역지를 따라 가족들이 옮겨 다녔기 때문이다. 아버지는 개인 사업을 하고 계셨다. 내가 초등학교 2~3학년 때 어머니는 지금의 수정교회에서 전도사 사역을 시작하셨고, 그것으로 나와 수정교회와의 인연이 시작되었다.

나를 아시는 분들은 어린 시절에 내가 워낙 장난을 많이 쳐서 교회에서 유명했다고 말씀하신다. 그래서인지 내가 2000년에 신학대학에 입학하여 수정교회에 다시 왔을 때 "어떻게 사람이 그렇게 변할 수 있나?"고 하시면서 "하나님 말씀 안에서 자란 아이는 꼭 바른 길로 가게 된다."고 교회 어린이 교육의 중요성을 나를 표본 삼아 말씀하셨다.

초등학교 6학년이 되던 해, 우리 집은 경기도 시흥시 신천동으로 이사를 했다. 아버지께서 뒤늦게 신학대학에 들어가시면서 개척교회를 시작하셨기 때문이다. 나는 우리 집이 왜 이사를 가는지 그 이유를 알지 못했다. 다만 너무 멀리 이사를 가서 수정교회에 나갈 수 없게 된 것만 안타까웠다.

이사 간 우리 집은 상가 1층이었는데 아버지는 삼촌과 함께 상가 지하에서 매일 뚝딱거리며 작업을 하셨다.

처음엔 무엇을 만드시는지 잘 몰랐는데 나중에 다 만들어진 후에 보니 교회 강대상이었다. 아버지는 삼촌과 사무실도 만드시고 여러 가지 교회 비품도 만드셨다.

사실 내가 아버지에 대해 불만을 가진 것은 고등학교 때부터였다. 사춘기가 되면서 어려운 가정환경이 다른 친구들과 비교되었다. 아버지의 목회에 대한 불만이 생기기 시작했고, 심지어는 아버지께 "왜 목회를 하셔서 우리를 이렇게 힘들게 하세요!" 하고 대들기도 했다. 아마 나의 말이 아버지 마음에 못이 되어 박혔을 것이다. 힘들게 목회를 하시던 아버지의 마음이 얼마나 아프셨을까. 이제야 그 마음을 헤아릴 수 있을 것 같다.

나는 대전에 있는 충남대학교 수의학과에 입학하여 주말에만 집에 가게 되었다. 늘 부모님의 그늘에서 신앙생활을 하던 나는 습관적으로 교회에 나갔기 때문에 부모님과 떨어져 살게 되자 하나님 없는 내 마음대로의 생활을 했다. 그 전의 믿음은 주님을 개인적으로 만난 것이 아니라 부모님의 그늘 아래서 하는 신앙생활이어서 세상의 유혹 속에 아무런 저항도 없이 빠져들었다.

대학교 1학년 때는 기숙사 친구들을 통해 담배와 술을 배웠다. 그들이 강요하지는 않았지만 자연스럽게 그들의 문화에 어울렸다. 그때는 그것이 낭만이고 자유라고 생각했다. 어느 때는 친구들과 함께 MT를 가서 3일 동안 술을 마시고, 춤추고 놀면서 그것이 대학생활의 즐거움이요 특권이라고 생각했다.

토요일마다 집에 와서 예배를 드리고 다시 학교로 내려가곤 했는데, 집으로 오는 기차 안에서 마지막 담배를 한 대 피우고 집에 들어가기도 했다. 아마 부모님께서도 나의 그런 생활을 알고 계셨을 것이다. 몸에서 냄새가 나기도 했을 텐데 부모님은 아무런 말씀도 하지 않으셨다.

그때 나는 동아리 활동을 했는데 록 음악을 하는 동아리였다. 록 음악 자체가 세상적이어서 술과 담배는 필수였다. 뜻도 모르는 가사에 은혜를 받으면서(?) 전자 기타에 매료되어 공부는 뒤로 하고 활동에만 적극적으로 참여했다.

대학교 2학년 때, 교회가 너무 어려워져서 나는 휴학을 했다. 결국 사택을 교회 안으로 옮기게 되었는데, 우리가 생활했던 방은 지금 생각하면 매우 우울한 방이었다. 보통 교회에는 강단 뒤에 커튼이 있는데 우리는 그 커튼 뒤에 임시로 만든 단칸방에서 살았다. 그곳에서 아버지, 어머니와 셋이 살았다. 누나는 직장을 다녀서 따로 방을 얻어 살았다.

나는 휴학을 한 후 어머니를 따라 기도원에 가게 되었다. 어느 강사 목사님의 설교를 들었는데 그 말씀이 나의 죄를 깨닫게 했다. 나는 울면서 회개하고 잘못된 생활을 청산하리라 결심했다.

휴학을 한 해 6월에 부모님은 시흥을 떠나 지금의 수정교회의 지교회인 서산시 부석면 창리로 사역지를 옮기셨다. 그곳의 생활도 힘든 생활은 마찬가지였지만 내게는 축복의 시간들이었다.

처음 이사를 갔을 때 그곳은 너무 황당한 곳이었다. 당시 그곳에는 교회가 없어서 마을 주민 여덟 분 정도가 멀리 버스를 타고 나가 예배를 드리는 아주 오지였다. 그러던 중 마음을 합한 여덟 분이 모여 교회 개척을 위해 기도를 시작하셨다.

교회는 다 쓰러져 가는 초가집 하나와 낡은 중고 봉고차 한 대, 그리고 개 한 마리가 전부였다. 50만 원 전세로 얻은 초가집은 방 3칸으로, 방 2개를 합쳐서 장년 15명이 앉으면 꽉 차는 본당으로 사용했다. 나머지 방 하나는 사택으로 사용했는데 천장이 내 머리에 닿을 만큼 낮았다. 그런 환경이지만 나는 새로운 마음으로 부모님을 열심히 도와 드렸다.

휴학 중이어서 낮에는 논과 목장에 가서 아르바이트를 했다. 도시에서만 살던 내게 아름다운 자연은 마음과 생각의 폭을 넓혀 주었다. 주일에는 교회 봉고차를 운전하고 마을 아이들을 불러다가 마을 회관에서 영어와 수학을 가르쳐 주었다. 새벽기도회에도 적극적으로 참석하여 교회와 부모님을 위해 열심히 기도했다.

다음해 2월, 나라의 부름을 받아 군에 입대했다. 군 생활은 누구에게나 그렇듯이 매우 힘들고 외로운 자신과의 싸움이었다. 나는 기도원에서 했던 결심을 언제 그랬느냐는 듯 잊어버리고 힘든 군 생활을 핑계 삼아 다시 담배와 술을 시작했다.

신병이라 술 마실 기회가 많지는 않았지만 각종 회식 자리에서 술을 많이 마셨다. 그리고 힘들 때 피는 담배는 군 생활에 많은 위로가 되었다. 그래도 신앙적 양심은 있어서 주일예배는 빠지지 않고 참석하고 성가대 활동도 했지만, 예수님이 내 삶의 주인이 되지 못하는 생활이었다.

그런 나의 생활은 상병 때 깨지기 시작했다. 어느 주일, 군 목사님께서 신약 성경을 한 번 읽어 오면 좋은 선물을 주시겠다고 했다. 그 말을 듣고 나는 급하게 성경을 읽기 시작했다. 운전병이었던 터라 운행 중 대기 시간을 이용해서, 또 야간 근무 할 때 달빛을 이용하거나 쉬는 시간을 이용해서 계속 성경을 읽었다.

그러던 중 야간 근무를 하면서 성경을 읽는데 말씀에 내 시선이 멈춰졌다.

"너희가 하나님의 성전인 것과 하나님의 성령이 너희 안에 거하시는 것을 알지 못하느뇨. 누구든지 하나님의 성전을 더럽히면 하나님이 그 사람을 멸하시리라. 하나님의 성전은 거룩하니 너희도 그러하니라(고전 3:16~17)."

순간 그 말씀이 나를 강하게 사로잡았다. 더 이상 이렇게 하나님을 믿어서는 안 된다는 생각이 들었다. 새로워져야 한다는 마음이 들었다. 그리고 하나님께 지금까지의 잘못된 행동을 돌이킬 수 있는 힘을 달라고 기도했다.

사실 담배를 끊는다는 것이 그리 쉽지는 않았지만 하나님께서 내 의지를 붙드셔서 담배가 내게서 점점 멀어지게 되었다. 나중에 술과 담배는 역겨운 냄새로 변하게 되었다. 그때 하나님께서 나를 새롭게 하신 것이다.

제대를 하면서 내 마음은 온전히 하나님 안에서 새로워져 있었다. 이제는 하나님을 기쁘게 하는 삶을 살아야겠다고 생각했다. 그런 나를 향한 하나님의 오랜 부르심과 계획하심의 절정은 대전의 문지교회에서 이루어졌다.

제대 후 아버지의 권유로 대전의 문지교회에서 운영하는 학사관으로 이사를 가게 되었다. 복학을 하면서 학사관 생활이 시작되었는데 그곳은 매우 엄격하고 경건한 곳이었다. 그 학사관은 매일 새벽기도(3회 이상 결석하면 퇴관), 매주 구역예배, 1인 1 봉사생활, 귀가 시간 10시 등 군대만큼이나 엄격한 곳이었다. 난 점점 시간이 지나면서 그곳 생활에 적응이 되었고, 안정된 신앙생활을 하게 되었다.

나는 무엇보다 새벽기도에 많은 은혜를 받으면서 기도에 힘쓰는 사람으로 변화되었다. 하나님을 섬기며 교회를 섬기는 일이 너무 즐거웠다. 하나님의 은혜를 매일매일 체험하는 삶이었다. 학업에도 열심을 내어 매 학기 장학금을 타게 되었다. 훌륭한 수의사가 되어 열심히 살면서 교회에 충성하며 살겠다는 다짐을 했다.

그런 내게 마귀의 시험이 찾아왔다. 그것은 지난날의 죄에 대한 마귀의 정죄였다. 내 마음속에서 마귀는 "너처럼 추한 죄인이 어떻게 하나님을 섬길 수 있느냐?"는 것이었다.

마귀는 집요하게 나를 공격했고, 나는 그 공격에 무너지기 시작했다. 새벽기도회에 나가 하나님 앞에 죄를 회개하며 자유하고 싶다며 간절히 기도했다.

그런 생활이 계속되던 어느 날, 새벽기도를 마치고 모든 성도가 집에 가고 나만 혼자 남아 기도하고 있는데 주님의 은혜가 풍성히 임하는 것을 느꼈다. 계속 기도하자 마음 깊은 곳에서 솟아나는 죄의 아픔과 상처가 내 영혼을 짓누르기 시작했다. 죄의 아픔이 영적으로 너무 크게 느껴져서 "누가 나를 이 사망의 몸에서 건져내어(롬 7:24)" 주었으면 좋겠다고 생각했다.

죄의 무거운 짐이 내 영혼을 누르고 있을 때 마음이 찢어지는 아픔을 느끼며 고개를 들었다. 강단 앞의 십자가가 보였다. 그때 나는 십자가를 붙들어야 한다는 마음이 간절해졌다. 예수님만이 내가 살 길이라고 생각하자 평안이 찾아들면서 주님께서 내가 지은 모든 죄를 십자가 위에서 용서하셨다는 것이 믿어졌다.

그동안 나를 짓눌렀던 죄가 얼마나 무서운 것인가를 깨닫게 하셨다. 나의 죄가 얼마나 무섭고 크기에 예수님이 죽지 않고서는 용서받을 수 없었던 것일까. 그 진리를 영혼 깊이 알게 하셨다. 나는 주님의 십자가를 마음속 깊이 붙들고 감사의 기도를 드렸다.

"주님, 감사해요, 감사해요, 이 사망의 몸을 십자가로 구원해 주시니 감사합니다."

나는 계속해서 눈물로 감사 기도를 드렸다. 나는 이것이 진정으로 예수님을 만난 것이라는 것을 나중에 알게 되었다. 주님이 내 안에 계신 것이 무엇인지 그제야 알게 된 것이다.

그 후 나는 울보로 변했다. 성가대에서 찬양을 하다가도 주님을 생각하면서 울고, 설교시간에도 주님의 은혜가 생각나서 울고, 성만찬을 하다가도, 길을 가다가도, 참으로 많은 시간을 울보처럼 지냈다. 조일래 목사님께서 은혜를 받으면 울보가 된다고 하셨는데 그 말이 맞는 것 같다. 나는 성도의 눈물은 은혜의 증거라고 생각한다. 성도의 눈물이 메마를 때 은혜도 메마르게 되는 것이다.

그렇게 은혜를 받던 3학년 여름, 집에 들렀을 때 아버지께서 내게 이런 말씀을 하셨다.

"명환아, 세상엔 많은 일들이 있지만 가장 보람된 일은 목회란다. 목회에 대해 한번 생각해 보거라."

아버지께서 내게 목회에 대해 권면하신 말씀은 나로서는 하나의 사건이었다. 왜냐하면 내가 절대로 목회자가 되지 않으리라는 것을 아시고 계셨으므로 쉽게 꺼내신 말씀이 아니었기 때문이다. 부모님께서는 그저 마음속으로만 나의 목회 사역에 대해 기도하고 계셨던 것이다.

아버지의 말씀은 내 마음을 사로잡기 시작했다. 나는 기도하지 않을 수 없었다. 학교에 다녀와서도 교회에 엎드려 기도하고 금요 철야, 새벽기도 등 마음에 확신이 올 때까지, 하나님의 뜻을 알 때까지 기도했다.

4학년 겨울방학 때, 금식 성회를 통해 성령 세례를 받아 방언을 하게 된 나는 더욱 기도의 힘을 얻게 되었다. 그 기도는 참으로 하나님 앞에 몸부림치는 기도였다. 하나님은 기도 가운데 내 마음을 점점 세상과 멀어지게 만드셨다. 자꾸 하나님의 영광을 위해 살아야겠다는 마음이 나를 사로잡았다.

그러면서도 나를 가로막는 것이 있었는데 그것은 경제적인 어려움에 대한 것과 말을 더듬는 것이었다. 하지만 아버지가 목회하실 때 겪었던 가난이 무엇보다 싫었던 내게 주님의 십자가의 체험은 다른 인생을 살 수 있는 힘을 주었다. 그러나 말을 더듬는 것은 너무나 큰 두려움이었다. 그때마다 모세가 떨기나무에서 하나님을 만났던 성경구절을 읽으면서 용기를 얻었다.

4학년 여름방학 때 하나님이 지금까지 나를 이렇게 사랑하셨으니 이제는 나를 위해 살지 말고 하나님을 위해 살아야겠다는 결심을 했다. 그리고 이듬해에 서울신학대학 대학원에 입학했다.

하나님은 그동안 나에게 많은 것을 보게 하시고 느끼게 하시고 경험케 하셨다. 재능이 부족한 나를 대학원 정기예배에 인도자로 세우셨으며 수정교회 초등부와 찬양단을 섬길 수 있는 기회도 주셨다. 대학원 공부를 통하여 나는 하나님이 어떤 분인지 더욱 자세히 배울 수도 있었다. 또한 예수님이 어떤 분인지 알면 알수록 그분이 얼마나 놀랍고 사랑스러운 분인지 알게 되었다.

하나님께서는 나의 신실한 아버지가 되시므로 나의 삶을 인도하신다는 놀라운 확신을 하게 하셨다. 또 경제적으로 어려울 때였지만 대학원을 다닐 동안 등록금 때문에 어려움을 당하지 않도록 해주셨다. 믿음이 얼마나 필요한 것인지, 믿음으로 사는 것이 무엇인지, 믿음에 대한 훈련을 왜 계속해야 하는지 깨닫는 귀한 기간이기도 했다.

나는 원래 대학원에 입학할 때 하나님께 선교사로 헌신할 것을 다짐했다. 이것은 어머니의 서원 기도이기도 했다. 언젠가는 내가 선교사로 나갈 것을 믿고 있기에 하나님께서 나를 어떤 삶으로 인도하실지, 어떤 환경으로 인도하실지 기대가 되면서도 두렵지만 지금까지 나를 훈련시키시고 인도하신 그분께서 가장 좋은 곳으로 인도하실 것이라는 믿음에는 변함이 없다.

또 주님은 내가 져야 할 십자가를 보게 하셨다. 그러기에 나는 언제든 그 십자가를 기쁨으로 지겠다는 마음으로 준비하며 기도하고 있다. 비록 내 삶이 세상의 눈으로 볼 때는 초라하고 보잘것없을지라도 나는 그런 것을 바라보지 않고 오직 상 주시는 하나님을 바라볼 뿐이기에 오히려 기쁨이 넘친다.

사도 바울은 "근심하는 자 같으나 항상 기뻐하고 가난한 자 같으나 많은 사람을 부요하게 하고 아무것도 없는 자 같으나 모든 것을 가진 자로다(고후 6:10)."라고 말씀하셨다.

말이 둔하고 부족하기에 주님의 은혜가 나를 통해 더 크게 역사하셔야 하겠지만, 내가 주님 앞에 쓰임 받을 수 있다는 것을, 쓰임 받고 있다는 것을 날마다 느끼며 감사하는 요즘이다. 나의 부족한 것들이 오히려 나를 의지하지 않고 온전히 주님만을 의지하는 동기가 되었다. 또한 어린 시절의 어려운 경험은 다른 사람을 섬기며 이해할 수 있는 좋은 훈련이었다는 것을 깨닫는다. 그 경험들이 나를 강하게 만들었기 때문이다. 주님은 그러기에 모든 것을 합력하여 선을 이루시는 좋으신 분이시다.

여기까지 나를 인도하신 에벤에셀의 하나님께서 앞으로도 모든 삶 속에서 함께하실 것을 믿는다.

"이는 우리가 믿음으로 행하고 보는 것으로 행하지 아니함이로다(고후 5:7)."

내게 주신 비전을 생각하며…

성령을 달라고 조용히 구하던 나에게는 기도하자마자 성령을 부어 주셔서 3시간이 넘도록 방언으로 기도하게 하셨고, 간절히 부르짖어 구하던 누나에게는 오랫동안 기도하고 난 뒤 주셨다. 개개인의 특성에 맞게 임하시는 주님의 세밀한 배려에 놀라지 않을 수 없었다.

김봉린(성도)

나에게 "봉린 선생님!" 하고 부르는 말이 이제 조금은 익숙해졌다. 하나님께서 내게 주신 사랑과 은혜를 아이들과 나누라고 초등부 교사로 일하게 하신 은혜에 감사드린다.

3년 전 이사를 오게 되어 수정교회를 나오게 되었다. 어릴 적부터 어머니를 따라 습관적으로 교회를 나갔었다. 그저 주일에 하나님께 눈도장을 찍고 가는 그런 학생에 불과했던 나를 하나님은 가만히 내버려두지 않으셨다.

아는 사람이 하나도 없었지만 여름수련회를 가도록 용기를 주셨고, 습관적으로 하나님을 믿었던 내게 하나님을 확실히 알게 하여 회개하게 하셨으며 기도와 말씀으로 메말랐던 영혼에 생기를 불어넣어 주셨다. 방언은 나중에 받아도 된다고 생각하던 나였지만, 결국 하나님은 성령의 은사와 방언의 은사를 물 붓듯이 부어 주셨다.

하나님은 놀랍게도 각자에게 알맞게 임해 주신다는 것을 알 수 있었다. 성령을 달라고 조용히 구하던 나에게는 기도하자마자 성령을 부어 주셔서 3시간이 넘도록 방언으로 기도하게 하셨고, 간절히 부르짖어 구하던 누나에게는 오랫동안 기도하고 난 뒤 주셨다. 개개인의 특성에 맞게 임하시는 주님의 세밀한 배려에 놀라지 않을 수 없었다. 같이 갔던 어머니와 누나와도 함께 울부짖는 기도를 하게 하셔서 관계를 회복하고 믿음의 가정이 되게 하셨다.

그 후에 나는 교회에 친한 사람이 없었지만, 다른 것은 신경 쓰지 않고 오직 하나님 한 분과의 만남을 위해 교회에 나갔다. 그로 인해 자주 싸웠던 누나와의 관계도 회복하게 되었다. 하나님은 가족과의 관계를 먼저 회복시키셨고 사랑으로 서로에게 힘이 되는 중보기도를 하게 하셨다. 그리고 주 안에서 교제와 기도를 나눌 수 있는 형제, 자매들을 만나게 해주셨다.

다른 사람도 그렇겠지만 나는 수련회를 굉장히 좋아한다. 세상을 벗어나 하나님의 은혜와 사랑을 체험하며 마음껏 기도하고 찬양하는 것이 너무 좋다. 수정교회에 와서 일곱 번 정도의 수련회를 갔지만, 갈 때마다 나에게 비전을 주시며 기도하게 하시는 주님의 사랑을 느끼곤 한다.

수련회에 가서 형제, 자매들과 서로 축복의 말을 할 때면 항상 눈물이 난다. "하나님을 향한 아름다운 관계 속에서 교제하게 하시고 서로 만나게 해주시고 동역하게 하심을 감사합니다."라고 울면서 기도하곤 한다. 하지만 그런 가운데에서도 "단순한 감정이 아니라 하나님을 향한 눈물이 되게 해주세요."라고 인간의 감정을 피하라는 말씀을 기억하며 기도하곤 한다.

그렇게 교회생활을 하던 중 힘들었던 것은 거리가 먼 학교와 공부, 하나님을 만나지 못한 아버지와 교회 봉사 사이의 곡예 같은 줄타기였다. 항상 내 기도의 첫번째는 '아버지의 구원과 아버지가 진정으로 하나님을 만나는 것'이었다. 그리고 내게 큰 기대를 하시고 공부를 걱정하시던 아버지의 모습을 생각하며 "내가 공부를 열심히 하는 가장 큰 이유는 하나님을 믿기 때문이라는 것을 알게 해주세요."라고 기도했다.

열심히 주님이 시키시는 일을 하여 나를 통해 이루고자 하시는 비전을 이루는 것이 내가 열심히 공부하고 노력하는 이유라는 것을 아버지가 언젠가는 알게 해달라고 기도하며 최선을 다해 봉사하고 몇 배 더 열심히 공부했다. 내 모습을 통해 다른 사람이 변화되고 특히 아버지가 하나님의 살아 계심을 알게 되기를 원했다.

그러한 나와 우리 가족의 기도의 응답으로 지금 아버지는 교회에 잘 나오시고 교회 일을 열심히 하는 어머니와 누나와 나를 조용히 도와주시곤 하신다. 하나님께서 내 기도에 응답해 주셔서 얼마나 감사한지 모른다.

시험을 바로 앞둔 때에 고등부 행사인 '신망애의 밤'을 준비하면서 학교에서 자율학습을 한다고 하고 12시까지 연습을 한 적도 있었다. 그때도 하나님의 이름이 낮아지게 해서는 안 된다는 생각으로 더 열심히 공부했다.

난 교회 일을 열심히 하는 고등부 후배들에게 "주님의 일을 최선을 다해 하되 그것 때문에 공부를 소홀히 하여 주님을 욕되게 해서는 안 된다."고 말해 주고 싶다.

그렇게 고3이 된 나는 교회에 있는 시간이 줄어들었다. 하지만 주일 하루는 온전히 하나님께 드리고자 마음을 먹었고, 주님이 주시는 평안한 마음으로 예배를 드릴 수 있었다. 그래서 공부 때문이든 다른 문제 때문이든 교회에 나오지 않는 형제 자매들을 보면 마음이 아팠다.

나는 의심이 많고 쓸데없는 생각을 많이 하기 때문에 어린아이와 같은 믿음을 달라고 늘 기도했다. 정말 순수하게 믿고 싶었지만 교만한 마음에 율법적인 하나님만 생각했었다. 그래서 회개를 많이 하며 믿음의 은사를 달라고 기도했다.

입시 문제를 놓고 심야기도회와 새벽기도회에 나가서 기도할 때, 다른 사람들의 칭찬이나 나 자신의 성취를 위해 공부를 하는 것이 아니라 나를 통해 역사하시는 하나님을 사람들에게 알리기 위해 최선을 다할 수 있게 해달라고 기도했다.

"주님이 원하는 길로 가게 해주세요."라고 기도하는 가운데 하나님의 축복 가운데 대학도 합격하게 되었다.

내 자신의 힘으로 대학에 들어간 것이 아니라 하나님께 기도하고 가게 되었으므로 교만하지 않고 주님의 일을 해나가는, 그리고 그것을 위해 노력하는 내가 되려고 한다.

이제는 학생으로서 주어지는 은혜와 사랑만 받다가 주일학교 교사로 일한 지 벌써 2개월이 지났다. 부족한 나를 통해 무엇을 이루시려고 교사로 써주시는 걸까 생각하다 보면, 내가 무엇을 하는 것이 아니라 아이들의 모습을 통해 오히려 내가 더 배우기 위한 것임을 알 수 있다.

진지하지 못하고 떠들고 장난치는 아이들을 볼 때면 그저 막연히 엄마에게 이끌려 교회에 나왔던 예전의 내 모습이 떠오른다. 그래서 그들에게 하루라도 빨리 진정한 하나님의 사랑을 알게 해주고 싶다. 하나님께서 "네가 저랬단다. 내가 너를 만나 주었던 사랑을 저 아이들에게도 전해 주어라."라고 말씀하시는 것 같다.

전도가 어렵고 힘들 때, 전도 대상자가 하나님을 영접하기를 꺼려할 때는 "너도 만약 믿음의 가정에서 일찍 나를 만나지 않았다면 이렇게 어렵게 전도되어졌을 것 아니냐. 나를 만나지 못했을 수도 있지 않느냐."라고 말씀하시며 그 영혼을 사랑하는 마음을 가지고 전도하도록 하신다.

이제 나는 내게 주신 비전을 생각하며 꿈을 꾸어 본다. 세계적으로 영향력 있는 지도자가 되어 그리스도의 원칙으로 하나님의 나라를 넓혀 나가는 겸손한 하나님의 자녀가 되고 싶다. 내게 주신 달란트를 십분 활용하고 계발하여 하나님께 영광을 돌리고 싶다. 하지만 그 속에서 교만하지 않도록, 나를 드러내는 것이 아니라 내 안에 계시는 하나님과 나를 통해 역사하시는 하나님을 보게 해달라고 기도한다. 그리고 나를 통해 역사하실 하나님을 찬양하며 그 일들을 기대해 본다.

캠퍼스에는 성령의 바람이 불고, 내가 가르치는 초등부에는 어린 영혼들이 하나님을 만나고, 수정교회에는 부흥의 역사가 일어나기를, 그리고 그 역사하심 가운데 나를 주님의 도구로 써주시기를 기도한다. 그리고 그 일에 합당하고 부족함이 없는 사람이 되기 위해 기도하며 준비하고 있다.

아버지를 112에 신고하다

그런 아버지의 그칠 줄 모르는 괴롭힘 속에서 내가 이제 정신병자가 되어가는구나 싶었다.
그래서 하나님을 많이 원망했다. 정말 억울했기 때문이다. 하나님의 일을 하겠다고 결심하고
그 비전을 위해 노력하는데 하나님께서 왜 그런 시련을 주시는지 도대체 납득이 가지 않았다.

김성수(성도)

내가 태어난 곳은 경기도 부천시 원종동이라는 작은 마을이다.

나는 독실한 불교 집안에서 태어났다. 친가와 외가가 모두 불교
와 우상을 숭배하는 집안이었다.

내가 세상에 태어났을 때 외할머니께서는 절에 등을 달고 절을
올리셨다고 한다. 그래서 나는 어린 시절에 절대 교회에 나가면
안 된다고 세뇌 교육을 받다시피 했다. 또 교회에 다니는 사람들
은 다 미친 사람들이라는 말을 귀가 따갑도록 들었다.

당시는 지금보다 전도에 대한 열기가 뜨거웠고 먹을 것만 주면
아이들이 교회로 몰려가던 때였다. 그런데 난 거기에 절대 넘어가
지 않았고, 전도지를 주면 보는 즉시 버리거나 무시해 버렸다. 집

에 먹을 것이 많은 것도 아니고 군것질도 무척 좋아했지만 아무리 먹을 것을 준다 해도 전도에만큼은 절대 넘어가지 않았다.

그토록 하나님을 싫어하고 욕하던 내가 지금까지 하나님을 몰랐다면 어떻게 되었을까? 생각만 해도 끔찍하다.

그렇게 전도에 잘 넘어가지 않던 내가 교회에 나가게 된 것은 어머니의 영향을 받아 초등학교 6학년 때부터였다. 그리고 하나님을 진정으로 만난 것은 스무살 때였다.

나는 가정에서 많은 상처를 받았다. 술 마시는 아버지 밑에서 어릴 적부터 엄청난 폭력에 시달리며 자랐다. 그렇게 사춘기를 보내고 청년이 되었을 때는 폭력에 못 이겨 식칼을 빼들고 아버지의 멱살을 잡은 적도 있었다.

평범하고 자상한 아버지는 술만 드시면 전혀 다른 사람으로 돌변하셨다. 피해자는 나뿐만이 아니었다. 나보다 더 고통 받았던 분이 바로 어머니였다. 수십 년을 그렇게 고통 받으신 어머니에게 예상치도 못한 유방암이 발병되었다. 그것은 우리 가정에 커다란 충격이었다.

장남인 나는 당시 해병대에서 복무를 하고 있었다. 동생과 어머니는 내가 걱정할까 봐 수술이 끝나고 퇴원할 때까지 그 사실을 비밀에 부쳤다.

다행히 하나님의 도우심으로 수술이 성공적으로 끝났고 어머니는 퇴원하셨다. 군대에서 휴가를 나왔을 때 어머니는 머리카락이 다 빠져 버린 백혈병 환자 같은 모습이었다. 병은 나았지만 그 속에 쌓인 눈물과 한은 풀리지 않는 것 같았다.

아버지는 한마디로 술 때문에 자신이 애써 쌓아 놓은 가족 간의 사랑이나 정성까지도 발로 차버리는 분이었다. 말하자면 아버지로서의 할 도리는 다 하시면서도 술만 마셨다 하면 돌변해 버리므로 가족들에게 원망을 샀다. 하루라도 술을 마시지 않으면 잠을 못 주무셨다. 어머니는 그 때문에 못 살겠다며 집도 많이 나가셨다. 그러다 유방암에 걸리는 일까지 일어난 것이다.

나는 한 번도 아버지를 존경해 본 적이 없고 증오와 원망만 가득했다. 아버지는 악한 영의 지배를 받아서인지 특히 집안에서 믿음으로 살려고 애쓰는 나를 가장 많이 괴롭혔다. 나와는 아무런 상관이 없는 일을 가지고도 공연히 내게 화를 내셨다.

가장 참기 힘든 것은 밤에 잠을 못 자게 하는 것이었다. 잠들려고 하면 방문을 걷어차고 거실로 나와라, 방으로 들어가라, 하며 괴롭혔다. 군대 가서 힘든 내무생활을 하고 돌아왔는데 또다시 가정에서 그런 일을 겪어야 하다니 너무 어처구니가 없고 이해가 가지 않았다. 억울한 나머지 죽고 싶을 때도 많았다. 술만 드시면 그렇게 하는 것이 보통 새벽 3시가 넘어야 끝났다. 아니, 밤을 새운 적도 많았다.

아버지는 실업자였다. 그래서 밤새 우리를 괴롭히고 낮에는 잠만 주무셨다. 나는 밤에 한숨도 못 자고 핏줄 선 눈으로 학교에 갈 때면 잠자고 있는 아버지를 밟아 죽이고 싶은 생각이 들었다.

그런 아버지의 그칠 줄 모르는 괴롭힘 속에서 내가 이제 정신병자가 되어가는구나 싶었다. 그래서 하나님을 많이 원망했다. 정말 억울했기 때문이다. 하나님의 일을 하겠다고 결심하고 그 비전을 위해 노력하는데 하나님께서 왜 그런 시련을 주시는지 도대체 납

득이 가지 않았다.

행복한 가정에서 하나님을 대충대충 믿고 살아가는 사람들도 많은데 그런 사람들은 가만 놔두고 왜 믿음으로 살려고 하는 나를 이렇게 힘들게 하시는지, 가정생활도 편안하지 못하면서 어떻게 하나님의 일을 하느냐고 따지기도 했다. 그래서 나는 다니던 대학이고 뭐고 다 그만두고 독립해서 혼자 나가서 살려는 결심을 했다. 그런데 하나님께서 그것만큼은 막으셨다. 이유는 단 하나, 그렇게 하면 하나님의 꿈과 사명을 이룰 수 없다는 것이었다. 정말 미칠 것만 같았다. 처음에는 그런 것들이 영적인 문제인 줄 모르고 무조건 아버지를 원망하기만 했다.

그러던 2000년 9월, 내 인생의 궤도를 바꿔 놓는 계기를 만났다. 원베네딕 선교사라는 한 청소년 사역자를 만났는데 나는 그분 밑에서 교육 받고 설교를 들으며 이 땅에서 나처럼 고통 받는 10대들을 위해 평생을 바치겠다고 결심을 하게 되었다. 사명을 발견한 것이다. 왜 내가 이런 힘든 가정에서 고통을 받아야 하는지, 왜 남들처럼 행복하게 살 수 없는지 그 이유를 발견한 것이다.

그때부터 악한 영들의 공격은 더욱 맹렬해졌다. 아버지는 술을 더욱 심하게 마셨고 심지어는 나를 굶겨서 죽이려고까지 했다. 각목으로 머리를 내리쳐서 한밤중에 응급실에 실려간 적도 있었고, 1년 전에는 나를 목 졸라 죽이려고까지 했다. 그때 나는 정말 이제는 죽는구나 싶었다. 어쩔 수 없이 아버지를 112에 신고하여 경찰이 달려온 적도 여러 번 있었다. 아버지는 정말 인간이 아닌 것 같았다.

하지만 영적인 문제를 깨달은 나는 그것을 이기기 위해 새벽기도를 선택했고, 사탄의 강한 공격을 무릎 꿇고 기도하며 맞서 싸웠다. 하나님께서 주시는 능력과 기적은 실로 놀라웠다.

나는 중학교 때 반에서 50명 중 45등을 하던 꼴찌였다. 원래 공부에 흥미가 없기도 했지만 아버지로 인한 열악한 환경도 무시할 수 없었다. 그런데 하나님께서 주신 사명을 깨닫고 24세라는 나이에 뒤늦게 들어간 대학에서의 성적은 달랐다.

그렇게 힘든 가정에서 잠도 제대로 못 자고 마음을 졸여가며 공부했지만 학교에서 항상 수석 장학생이었다. 그것은 하나님께서 내게 주신 은혜요 기적이었다. 결국 나는 2년간의 대학생활을 영광스런 수석 졸업으로 마감했다.

이 땅에는 나처럼 고통 받는 10대들이 너무 많다. 내가 그런 고통을 익히 알기에 나는 그런 아이들을 살리기 원한다. 그것이 내 사명이다. 그런 수많은 아이들을 살리기 위해 하나님께서는 나에게 그런 고통을 주셨다고 믿는다.

고통 받는 자를 위로하는 것은 고통을 받아본 사람만이 할 수 있다고 생각한다. 지금 내가 겪고 있는 이 고난과 시련은 내가 이 세상을 살아가는 동안 겪는 작은 불편일 뿐, 하나님을 믿는 나를 좌절과 절망 속에 빠뜨릴 수 없다.

지금 이 시간에도 가정에서 상처받고 집을 뛰쳐나온 아이들, 세상의 유혹에 넘어간 10대들이 거리를 방황하고 있다. 이곳 뿐만이 아니다. 북한에는 굶주림에 지친 아이들이 먹을 것이 없어 힘없이 죽어가고 있다. 바로 그것이 내가 아버지 때문에 고통 받는 중에도 사명을 포기할 수 없는 이유이다.

나를 낳아 준 육적인 아버지가 아무리 나를 괴롭힌다 해도 진정한 영적 아버지인 하나님이 계시므로 얼마나 감사하고 든든한지 모른다. 그분만 의지하면 그런 괴로움은 능히 이길 수 있다. 또한 나를 복 주시려고 이런 시련의 기간을 주시는 것으로 생각하고 하나님께 감사드린다.

나는 대한민국 땅의 부흥을 꿈꾼다. 이 땅에서 사탄의 역사로 저주받은 가정 속에서 신음하는 아이들을 살리기 원한다. 내가 가는 길이 비록 험난하고 두렵고 떨리는 길이지만, 지금도 상처받은 아이들과 죽어가는 북한의 아이들을 생각하면 가던 길을 멈출 수가 없다.

하나님께서는 죄인이었던 나를 지옥의 불구덩이 가운데서 건져 올리셨다. 구원의 감격을 주셨다. 그런 구원의 역사가 이 땅의 10대들에게도 쏟아지길 기도한다. 그것이 내 사명이기 때문이다.

한때 나는 하나님을 욕하고 비하하던 죄인 중의 죄인이었다. 하지만 그래도 그런 나를 사랑하시며 붙잡아 주신 하나님께 무한한 감사를 드린다.

중등부 교사를 하며 깨달은 것

주님은 좋은 테크닉을 가진 교사를 원하시는 것이 아니라 충성되고 성실한 교사를
원하신다는 것, 내게 가장 우선시되어야 할 것은 '부르짖음', 즉 기도라는 것을 눈물로
깨닫는 시간이었다. 또한 주님이 얼마나 나를 사랑하시는지도 다시금 알게 되었다.

김잔디(성도)

어느덧 결혼 후 남편을 따라 수정교회에 출석한 지 1년 반의 시
간이 지났다. 나는 교회에 나온 지 얼마 되지 않아 중등부 교사로
임명받게 되었다. 나는 교사를 잘하게 해달라는 기도도 하지 못한
채 반을 맡았다.

반을 맡고 보니 모두 신앙이 있는 가정에서 자라는 아이들이었
다. 출석률도 좋아서 외형적으로는 잘 되고 있는 반 같았다. 나는
그동안의 경험과 능력으로 반을 잘 이끈다는 교만함에 빠졌다.

그런데 아이들이 하나 둘 반을 떠나기 시작했다. 어떤 아이는
자기와 친한 친구들이 나가는 교회로 옮기겠다고 했다.

사실 그런 이유로 오가는 아이들이 있긴 하지만, 내게 큰 충격

을 주었던 것은 다른 것에 있었다. 나는 교회를 떠나는 아이에게 물었다. 2년 동안 교회를 다니면서 정들지 않았느냐, 꼭 그 친구들을 따라가야 하느냐, 반 친구들과 선생님이 보고 싶지 않겠느냐고……. 그러자 그 아이는 조금도 주저하지 않고 "그렇지 않아요."라고 대답했다.

아이는 더 이상 아무런 미련이 남아 있지 않는 듯했다. 가슴이 아팠다. 난 그 원인을 분석하기 시작했다. 반을 부흥시킬 수 있는 정보와 지식을 얻기 위해 책부터 읽었다.

「교사 바이블」이라는 책을 3시간 만에 읽고 난 나는 한동안 책을 손에서 놓을 수가 없었다. 그리고 급기야 이불을 뒤집어쓰고 엉엉 울면서 기도했다.

나는 좋은 교사가 되기 위한 정보를 얻기 원했는데, 책의 가르침은 예레미야 33장 3절의 말씀, "너는 내게 부르짖으라!"였다. 주님은 좋은 테크닉을 가진 교사를 원하시는 것이 아니라 충성되고 성실한 교사를 원하신다는 것, 내게 가장 우선시되어야 할 것은 '부르짖음', 즉 기도라는 것을 눈물로 깨닫는 시간이었다. 또한 주님이 얼마나 나를 사랑하시는지도 다시금 알게 되었다.

우리 반 아이들의 얼굴이 하나하나 머리가 아닌 가슴속을 스치고 지나갔다. 그리스도의 심장으로 아파하며 사랑하는 것이 무엇인지 비로소 알게 되었다.

수정교회가 26주년을 맞고 있는데, 그 속에는 기라성 같은 신앙의 선배님들도 많다. 그분들 앞에 신앙 이야기를 한다는 것이 참으로 부끄럽다. 하지만 영혼을 사랑하는 마음을 회복시켜 주신 하나님의 은혜는 내게 있어 분명 역사적인 사건이다. 우리 반이 부흥하여 10배 20배의 역사가 이루어졌다면 더 좋았을 것을……

지금 내게 맡겨진 사명은 '씨 뿌림의 사역'이다. 5년 후, 10년 후 '거두는 사역'이 기대되어진다.

부모님들이 자녀 교육에 신경을 많이 쓰듯이 교회학교 사역에도 투자하고 기도로 동역해 주시기를 부탁드린다. 그리하여 교회학교의 부흥이 우리 모두의 간증이 되었으면 좋겠다.

친정 식구들을 위해 오늘도 기도합니다

난 단호히 말했다. 하나님께서 "너희가 내 안에 거하고 내 말이 너희 안에 거하면 무엇이든지 원하는 대로 구하라. 그리하면 이루리라(요 15 : 7)."고 약속하셨다고 했더니 언니는 아무 말도 하지 못했다.

김정심(집사)

나는 남편을 통해 수정교회를 나오게 되었다. 그러나 교회를 다니면서도 사탄의 유혹을 많이 받았다. 그 이유는 언니와 동생이 이단인 통일교회를 다니고 있어서였다.

남편은 그런 나를 기도로 도와주었고 올바른 길로 인도해 주어 안정된 가정생활을 하게 되었다. 그러나 시부모님이 믿지 않아 오랫동안 눈물로 기도를 해야 했다. 하나님께서는 그런 나의 기도를 서서히 응답해 주셨다.

몇 년 전만 해도 다음에 나간다고 하시던 분들이 시어머님의 아버지가 돌아가시면서 교회에서 정성껏 장례를 치러 주는 것을 보고 마음이 달라지셨다. 그런데 구로동에 사실 때는 잘 나오셨는데 안산으로 이사가신 후 주일을 지키지 않으셨다.

1년 뒤 시아버님은 초기 위암이라는 진단을 받아 수술을 받으셔야 할 처지였다. 우리는 마음이 덜컹 내려앉았다. 그러나 여기저기 알아보니 암이 초기여서 수술하면 괜찮다고 했다. 시아버님을 안심시키고 병원에 입원 수속을 밟고 수술실로 들어가시게 했다.

그날 송영선 목사님과 권사님께서 기도해 주시려고 오셨는데 하마터면 수술실에 들어가셨기 때문에 기도를 받지 못하고 수술할 뻔했다. 목사님께서 간호사에게 부탁하여 간신히 기도를 받을 수 있었다.

몇 시간 후, 시아버님은 수술 경과가 좋아 병실로 옮겨지고, 한참 뒤 깨어나셨다. 시아버님은 수술 전에는 마음이 불안했는데 목사님의 기도를 받고 하나님께서 마음에 평안을 주신 것 같다고 말씀하셨다.

그 후로 교인들의 사랑과 관심으로 완쾌되셨고 교회에 나오셔서 세례도 받으셨다. 너무 기쁘고 감사했다. 하지만 시부모님이 세례까지 받으신 것을 생각하니 친정어머니를 비롯해 친정 식구들이 생각나 눈물이 나왔다. 친정어머니는 고아로 자라서 사랑 한번 제대로 받아 보지 못하고 시어머니의 모진 시집살이 속에서 일찍 돌아가신 아버지를 대신해 우리 4남매를 키워 오셨다.

고생을 많이 하셨으니 이제는 행복하게 사셔야 하는데 오빠가 보증을 잘못 서는 바람에 집안은 엉망이 되어 버렸다. 그 때문에 고부간의 사이도 안 좋아졌다.

나는 어머니께 도움을 드리지 못해 죄송한 마음에 전화로나마 자주 위로하며 속상한 일을 하나님께 기도하시라고만 했다. 어머니는 대답하지 않으셨다.

그렇게 3년이 흐른 뒤 어느 정도 해결이 될 무렵, 친정어머니 생신날 친정에 갔다. 나는 친정에 가기 1주일 전부터 한 끼 금식을 하며 기도와 말씀으로 무장을 했다. 친정에는 통일교회에 다니는 언니와 동생이 있었기 때문이다.

생신날, 우리는 복음성가 '당신은 사랑 받기 위해 태어난 사람'을 부르면서 하나님은 어머니를 사랑하신다는 것을 노래로 들려드렸다. 그때 옆에 있던 동생이 통일교회를 나가자고 했다. 우리는 안 된다고 하며 친정 식구들을 간신히 가까운 교회로 인도하면서 목사님과 전도사님께 심방 부탁을 하고 서울로 올라왔다.

며칠 후 전도사님과 집사님이 김밥을 싸가지고 방문하셔서 어머니를 위해 기도를 해드렸나 보다. 몸이 좋지 않으셨던 어머니는 기도를 받고 나자 머리를 누가 만져 주는 것처럼 시원했다며 그렇게 몸이 가벼운 적은 처음이었다고 말씀하셨다. 그것은 하나님께서 친정 식구들을 당신의 자녀로 삼기 위한 시작이었다.

그로부터 두 달 후, 친정에서 전화가 왔다. 12세 된 조카가 병원에 입원했다는 것이다. 깜짝 놀라 친정으로 가보니 피가 일반 사람의 3분의 1밖에 안 되어 골수 이식을 받아야 할지 모른다며 서울의 큰 병원으로 가보라고 했다.

서울의 병원에서 입원 절차를 받고 병실로 올라가니 입구에 일반 사람은 출입금지라고 써 있었다. 보호자 한 사람만 들어오라고 해서 옷을 갈아입고 주위를 보니 온통 머리카락이 없는 아이들밖에 없었다.

조카는 인터넷을 통해 자신의 병에 대한 증세를 어느 정도 알고 있었지만, 막상 병실에서 같은 병을 앓고 있는 아이들의 모습을 보자 겁이 났는지 울상이 되어 내일 오면 안 되느냐고 말했다.

그 순간, 하나님께서 지혜를 주셨다. 나는 오빠에게 "2인실은 돈이 많이 들고 아침에 일찍 검사하면 저녁 늦게 결과가 나온다고 하는데, 내일은 토요일이어서 의사들이 일찍 퇴근하니 일요일 저녁에 입원해서 다음날 결과를 보아도 될 거예요."라고 말했다. 오빠는 잠시 생각하더니 알았다고 했다.

나는 집에 와서 많은 기적을 베푸시는 하나님께 기도로 간곡히 간청했다.

다음날, 예배를 드린 후 조일래 목사님께 기도를 받고 반드시 나으리라는 믿음을 가지고 가벼워진 마음으로 병원으로 갔다. 오빠에게도 함께 기도할 것을 부탁했다. 오빠는 기도는 어떻게 하는 것이냐고 물었다. 나는 아이들이 어렸을 때 읽었던 기도 책을 주면서 아침 저녁 검사 들어갈 때마다 기도하라고 했다. 오빠는 간절한 마음이 되어 딸의 손을 잡고 기도했다.

그 모습을 보고 집으로 돌아왔는데 통일교회에 다니는 언니가 와 있었다. 골수 이식을 받으려면 구하기도 힘들고 돈도 많이 들어가니 통일교회 선생님께 안찰을 받자고 했다. 목사님의 설교 말씀에서처럼 사탄은 힘들고 지친 식구들에게 다가왔다. 하지만 난 단호히 말했다. 하나님께서 "너희가 내 안에 거하고 내 말이 너희 안에 거하면 무엇이든지 원하는 대로 구하라. 그리하면 이루리라(요 15 : 7)."고 약속하셨다고 했더니 언니는 아무 말도 하지 못했다.

하나님은 우리의 기도를 저버리지 않으셨다. 혈소판에서 피가 생성이 안 되면 골수를 이식받아야 하는데 검사 결과, 혈액 수치가 조금 올라가서 수술하지 않고 2주에 한 번씩 수치를 검사하며 피를 수혈하면 된다고 했다. 오빠는 하나님께 감사헌금을 드리고 식구들과 함께 우리 교회에서 송년예배를 드린 후 춘천으로 돌아갔다.

지금은 2주마다 검사하러 서울로 올라오지만 그 일로 인해 친정어머니와 오빠는 구원을 받고 더욱더 하나님께 기도하는 사람들이 되었다.

특히 친정어머니는 글씨를 몰라 찬송도 부르지 못하셔서 예배 드릴 때 늘 답답하게 생각하셨는데, 간절히 기도하면서 말씀을 읽고 사모하면 말씀을 읽을 때 영안이 열려 찬송도 부르게 되고 글씨도 알게 된다고 주위에서 집사님들이 권유하셨다고 한다. 그런데 그대로 한 결과, 지금은 당신이 원하는 대로 찬송을 따라 부를 수 있는 기적이 일어났으니 참으로 놀랍고 감사한 일이다.

그러나 아직도 친정에는 예수님의 십자가 보혈로 인한 구원을 믿지 않는 통일교회를 다니는 언니와 여동생이 있다. 이 글을 읽는 분들이 나의 기도의 동역자들이 되어 주시기를 간절히 부탁드린다.

아들의 아픔을 통해 받은 은혜

"별로 아프지 않아. 머리만 조금 아픈 것 같아."
아이를 큰 병원으로 데리고 갔다. 검사 결과를 보니 머리에 큰 혹이 있다고 했다.
나는 병원 복도를 오가며 소리질렀다. "나 어떡해!"

김춘선(집사)

1989년이었나 보다. 만민중앙성결교회를 비롯하여 몇 군데 교회를 다녀 보았으나 영적으로 채워지지 않는 갈급함이 있었다.

시댁에 들어가 몇 개월 살면서 '20일 저녁 금식기도'를 작정하고 기도에 들어갔다. 그 결과 대림동 수정교회를 스스로 찾아가게 되었다.

처음에는 목사님의 설교가 경상도 억양이라 알아듣기 어려웠지만 여러 번 듣다 보니 무리없이 잘 들리고, 무엇보다 여러 가지로 목회자로서 신뢰감이 있어서 좋았다. 편하게 목회하시는 분도 많은데 조일래 목사님과 이은자 사모님은 너무 몸을 돌보지 않으시고 일하셔서서 뵐 때마다 존경심이 생겼다.

너무 자주 찾아가 조 목사님께 죄송한 마음도 있었지만 영적으로 풀리지 않는 것이 있으면 자주 의논도 하고 기도도 받곤 했다. 나는 지금까지 두 분에게서 영적으로 많은 도움을 받으며 살아왔는데 앞으로도 그렇게 살고 싶다.

선교 교육관을 지으려고 수정교회 뒤편 땅을 매입하기 위해 많은 성도가 매달려 기도할 때, 나는 남몰래 땅 매입할 예정 부지에 서서 참으로 많은 기도를 했다.

하나님의 응답이 없자 서운한 생각이 들었지만 뜻밖에 김포 불로동의 땅이 매입되는 것을 보고 하나님의 뜻이 그게 아니었음을 깨달았다.

나는 25년 전 한 '수양회'를 통해 예수를 믿게 되었다.

유교 가정에서 자란 나는 집안에서 처음 예수 믿는 사람이 되었다. 어머니께서는 한 집안에 두 종교가 있을 수 없다며 걱정을 많이 하셨다. 집안에 무슨 일이 생길까 봐 두려워하셨던 것 같다.

나의 믿음생활은 적극적이지 못했지만 그렇다고 미지근한 신앙이 되기도 싫었다. 그래서인지 부족한 나를 하나님은 당신의 자녀로 택하시고 예수 믿는 가정의 맏며느리로, 믿음을 사모하는 사람으로 만들어 주셨다.

나는 평범한 회사원인 남편의 아내로 보통 사람들이 그렇게 하듯이 살림 계획도 세우고 자녀 교육에 대한 계획도 세우며 가정을 먼저 생각하며 살았다.

평범한 생활에서 벗어나고 싶었던지 남편은 자영업을 해보겠다며 사업계획서를 가지고 와서 나의 동의를 구했다. 처음에는 말렸지만 정말 잘해 낼 수 있다고 해서 난 동의했다. 그러나 일은 계획대로 잘 풀리지 않았고 사람들로부터 실망스런 일을 겪게 되었다. 그런 어려운 일을 겪으면서 나는 새벽기도회를 다니게 되었는데 몇 개월 안 되어 많은 신앙의 체험을 하게 되었다.

1999년 11월 26일, 내 아들이 중3일 때, 나는 학교로 발걸음을 재촉했다. 왜냐하면 사흘 전에 생일 잔치에 갔다가 밤 11시가 되어서야 돌아온 아들이 배가 아프다며 토하고 음식을 제대로 먹지 못했기 때문에 색다르게 외식을 시켜 줄까 해서였다.

속이 좋지 않은 아이는 동네 내과에 할머니를 따라 며칠 다녔다. 마침 할머니가 병원을 다니고 계셨는데 아이의 증상이 할머니와 똑같다고 해서 별 걱정을 하지 않았었다. 그런데도 시원하게 좋아지는 것 같지 않았다.

교실에 들러 아들을 데리고 식당으로 갔다. 음식을 시켜놓고 아들의 얼굴을 바라보는 순간, 난 너무도 놀랐다. 집 안에서 볼 때는 몰랐는데 넓고 환한 창가에서 본 아들은 그야말로 병색이 완연했다. 마음 한구석이 쿵 하고 내려앉는 것 같았다.

"기언아, 힘들면 선생님께 말씀드리고 조퇴하고 오렴."

나는 조퇴하고 온 아이를 붙잡고 아픈 곳이 어디냐고 물었다.

"별로 아프지 않아. 머리만 조금 아픈 것 같아."

아이를 큰 병원으로 데리고 갔다. 검사 결과를 보니 머리에 큰 혹이 있다고 했다. 나는 병원 복도를 오가며 소리질렀다.

"나 어떡해!"

몇 시간이 흘렀다. 아들은 편안하게 잠 속으로 빠졌다.

나는 병원 근처 교회를 찾았다. 크리스마스가 가까워서 성도들이 교회 방마다 모여서 준비를 하고 있었다. 기도할 만한 곳을 찾다가 여의도침례교회 현관의 긴 나무 의자를 발견하고 의자에 얼굴을 대고 시멘트 바닥에 무릎을 꿇은 채 간절히 기도했다.

"하나님, 우리 아이 지켜 주셔야 해요."

나는 그동안 맡은 직분에 충실했고 성도로서 올바른 삶을 살려고 노력했으므로 하나님께서 주신 이 시련은 분명 뜻이 있다고 생각하며 계속 기도했다. 그러나 시간이 갈수록 기도는 원망 반 푸념 반으로 바뀌어 갔다.

몇 시간이 흘렀을까. 천둥 번개가 치면서 굵은 비가 쏟아져 내렸다. 그제야 정신이 번쩍 나면서 예수님이 십자가에서 돌아가신 것이 생각났다. 그러면서 지난날이 주마등처럼 스쳐 지나갔다.

나는 미신을 섬기는 가정에서 태어나 27세 때부터 친구의 전도로 예수님을 알게 되었다. 드러나게 핍박은 안 하셨지만 어머니는 은근히 뼈 있는 말씀을 하시곤 했다. 나는 늦게 결혼해야 되겠다는 생각을 하면서 믿는 집안으로 가게 해달라고 기도했다. 기도의 응답으로 3대째 믿는 집안의 며느리가 되었다. 지금은 친정어머니도 예수를 영접하시고 날마다 우리를 위해 기도하신다.

지난날을 돌아보면 하나님께서는 유독 내게 꿈으로 앞으로 일어날 일들을 보여 주신 적이 많았다. 어느 날 꿈에 주님께서 내 머리에 손을 얹으시고 "자손이 번성하며 참으로 잘되기를 바란다."면서 간절히 기도해 주셨다. 깜짝 놀라 깨보니 꿈이었다. 이상한 생각이 들어 병원에 가서 진찰한 결과 임신이라는 사실을 알게 되었고 찬송과 기도 속에서 아이는 잘 자랐다. 그 아이가 바로 '기언'이다. 기언이가 아프기 직전의 꿈에서는 아이가 혼자 곰팡이 냄새가 풍기는 습한 방에서 잠을 자는 꿈을 꾸기도 했다.

　병원에서는 빨리 수술을 해야 하고 수술 후에도 장담하지 못한다고 냉정하게 말했다. 아이 아빠는 수술을 반대했다. 아들을 편안하게 해주고 싶다고 했다. 의사와 나는 수술을 받아야 한다며 아이 아빠를 설득해서 12월 10일에 여의도 성모병원에서 수술을 받기로 했다. 목사님과 성도님들이 기도를 해주셔서 수술은 성공적으로 끝났다.

　그러나 어느 때는 아들이 너무나 고통스러워하는 것을 보면서 "하나님, 저는 아들이 고통스러워하는 것을 더 이상 볼 수가 없으니 원하신다면 데려가세요." 하고 기도한 적도 있었다.

　그런데 그날 밤 한숨도 잘 수가 없었다. 하나님은 꿈으로 환상으로 말씀하셨다.

　"너는 자식에 대한 욕심이 그렇게도 없느냐? 어떻게 그렇게 자식을 쉽게 포기할 수 있느냐?"

　밤새 시달리다 무릎을 꿇고 기도했다.

　"주님 용서해 주세요. 아들을 살려 주세요. 죄는 저에게 있습니다. 어린아이가 죄가 있다면 얼마나 있겠습니까. 차라리 저를 데려가 주세요."

　마음이 편안해지면서 새 힘이 생겼다. 하나님은 택하신 자녀를 포기하지 않으시고 끝까지 사랑하신다는 것을 알 수 있었다.

　수술 후 45일이 지나고 방사선 치료가 시작되었다. 또 꿈을 꿨다. 머리를 다시 절개하고 머리 속에 들어 있는 피 묻은 거즈를 핀셋으로 꺼내고 새 거즈를 집어넣는 것이 보였다. 그런데 사람은 보이지 않고 핀셋만 보였다.

"할렐루야! 주님 감사합니다!"

치료가 되고 있다는 확신이 생기면서 더욱 힘을 얻을 수 있었다. 때로는 힘들고 외로울 때도 있었다. 그럴 때마다 마귀의 유혹을 물리치려고 조일래 목사님의 기도를 받았다. 그리고 시편 23장으로 기쁨과 평안을 맛보면서 치료에 충실했다.

이은자 사모님께서는 "우리는 집사님을 사랑합니다."라는 말씀을 자주 해주셨다. 메마른 광야를 외롭게 걸어가는 사람에게 "기도하고 있습니다." "사랑합니다."라는 말보다 더 위로가 되는 말은 없을 것이다. 때로는 응급실에 실려가고, 합병증이 오기도 하고 남보다 더 긴 치료를 받아야 했지만 하나님께서는 그때마다 지혜를 주셔서 더 늦지 않게 치료를 받게 해주셨다.

이제 건강한 몸으로 열심히 학업에 임하고 있는 기언이는 올해 고3이 되었다. 하나님께 모든 영광을 올린다. 할렐루야!

그동안 말라기 4장 2절 말씀이 나에게 큰 위로가 되었다.

"내 이름을 경외하는 너희에게는 의로운 해가 떠올라서 치료하는 광선을 발하리니 너희가 나가서 외양간에서 나온 송아지같이 뛰리라."

아이의 병을 통해 때로는 습관적으로 행하고, 때로는 율법적으로 생각했던 교회 직분에 대해 되돌아볼 수 있도록 기회를 주신 하나님께 감사드린다.

지금까지 우리 가족을 위해 기도해 주시고 돌봐 주신 조일래 목사님과 사모님, 송영선 목사님, 장신익 목사님, 조문섭 전도사님, 부목사님, 전도사님 그리고 수정 가족께 머리 숙여 감사드린다.

큰 수술을 세 번이나 받는 큰 병을 통해…

놀라운 일이 일어났다. 아마도 하나님의 도우심이었을 것이다.
내가 다시 숨을 쉬기 시작했다는 것이다. 의사들즈차도 이해할 수 없고
믿을 수 없는 일이 벌어졌다.

김효중(성도)

나의 어머니는 나를 낳아 주신 분이기도 하지만 내 인생의 스승
이기도 하시다.

지금까지 살아오면서 어려움과 시련을 당할 때마다 어머니는
당당하게 그 어려움과 시련을 이겨낼 수 있도록 나를 도와주셨다.
그야말로 나에게 있어 어머니는 인생의 스승이자 친구와 같다. 또
한 어머니는 내 삶의 목표이자 지표가 된 주님을 가르쳐 주신 인
도자이시기도 하다. 지금부터 내가 쓰는 글은 내 신앙 고백이기에
앞서 어머니의 간증이기도 하다.

어머니는 신앙인으로서 열심히 사시는 모습 자체로 자식들에게
모범을 보이셨다. 예를 들어 직장에서도 누가 알아주든 알아주지

않든 최선을 다해 일하셨다. 또한 십일조도 십 원 하나까지 정확하게 계산해서 드리셨다. 자식들 훈육하는 것도 말이 아닌 행동으로 보여 주셔서 우리는 자연스럽게 어머니의 성실함과 진실함을 배우게 되었다.

내가 태어난 곳은 전북 임실군 지사면 계산리라는 시골이다. 읍에 있는 학교를 다니기 위해서는 고개를 두 개나 넘어야 하는 깊은 산골이었다.

내 마음에 남아 있는 고향은 술주정하시는 아버지의 구타를 피해 동네 친구 집이나 마을 뒷산으로 도망가야 했던 기억, 술로 하루하루 사시는 아버지를 대신해서 논과 밭으로 어린 세 자식을 키우기 위해, 또한 아버지의 술값을 대기 위해 뼈가 부서지도록 열심히 일만 하셨던 어머니에 대한 기억, 논에서 늦게까지 돌아오시지 않는 어머니를 기다리며 배고픔과 무서움에 울다 동생들과 잠들었던 기억들이 얽혀 있는 곳이다.

그 수많은 아픔을 묻어 두고 어머니는 우리를 키우기 위해 초등학교 3학년 때 고향을 떠나 서울로 이사하셨다. 서울에 와서도 우리 집 형편은 좋아진 것이 별로 없었다. 여전히 술로 찌들어 하루하루를 사시는 아버지, 그런 아버지를 대신해 어머니는 일만 하셔야 했다.

그런 고단한 하루하루를 살아야 했던 어머니와 우리들에게 충격적인 일이 일어났다. 그날을 떠올리면 어머니는 아직도 목이 메어 말을 잊지 못하신다.

아버지가 숙부님의 주선으로 청소부 일을 하시고 계시던 어느 날, 그날도 아버지는 일을 마치고 동료의 집에서 술을 드셨다. 어느 정도 술기운이 오른 아버지는 그만 그 집 한구석에 세워져 있던 삽으로 동료의 부인을 구타하기 시작했다. 경찰의 연락을 받고 어머니가 파출소에 갔을 때 아버지는 한쪽 기둥에 쇠사슬로 묶여 있었다고 한다.

어머니가 경찰관에게 사건의 전말을 듣는 중에도 아버지는 술이 덜 깬 상태에서 쇠사슬을 풀기 위해 난동을 부리셨다고 한다. 그 사건으로 우리 가족의 삶은 송두리째 뒤바뀌게 되었다.

아버지는 알코올성 정신장애로 병원에 입원하셨고, 사람들이 말하는 일명 정신병자가 되었다. 아무런 생각 없이 자기 자신의 세계에 갇혀 버린 사람이 되었다.

그 후로 아버지의 삶은 가장으로서의 삶이 아닌 병원과 요양소를 오가는 환자로서의 삶을 살게 되었다. 지금까지 24년 동안 그렇게 살고 계신다. 그런 아버지와 우리 3남매를 부양하기 위해 어머니는 파출부, 식당 종업원, 현장 잡부, 우유 배달 등 내가 알고 있는 것만 해도 15가지나 되는 직업을 가지셨다. 너무도 고단한 삶을 살아오셨음에도 불구하고 어머니는 자식들 앞에서 짜증을 내시거나 한번도 우는 모습을 보이지 않으셨다. 그런데 그렇게도 강하셨던 어머니가 하염없이 서럽게 우시는 것을 보았다. 사랑하는 아들의 병 때문에 목놓아 우신 것이다.

어느 날, 나는 한쪽 폐를 절단하는 큰 수술을 받게 되었다. 아버지의 병원비와 생활비를 대기 위해 어머니는 열심히 일했지만 우리 집은 하루하루를 근근이 살아가야만 하는 형편이었다. 그러니 어머니와 우리 3남매의 영양 상태는 최악이었다. 다행히 건강한 어머니와 두 동생은 아무렇지 않았지만 몸이 약했던 나는 3년 동안 심한 결핵을 앓게 되었다.

그 후 신앙이 좋으신 어머니를 본받아 나도 교회를 다녔지만 나의 신앙생활은 그야말로 거짓과 위선으로 가득한 것이었다. 금요 심야기도회에 빠짐없이 참석하고, 한 달에 한 번 금식기도 하고, 성가대 봉사 및 1청년부 총무 등 열심히 교회 봉사를 했다. 남이 보면 믿음이 좋은 사람이라고 생각할 수 있겠지만 교회 밖에서의 행동은 그렇지 못했다.

나의 생활은 신앙을 갖기 전과 조금도 다르지 않았다. 성경을 읽기보다는 친구들과 어울려 세상 문화를 즐기기에 바빴다. 교회 안에서는 신앙인의 삶을, 교회 밖에서는 신앙인으로서 하지 말아야 할 행동을 했다. 그런 나의 이중적인 삶을 하나님께서는 용납하지 않으셨다. 큰 수술을 세 번이나 받는 큰 병을 통해 나를 연단하시고 자신의 모습을 돌아보게 하셨다.

내가 병을 알게 된 것은 감기에 걸린 후였다. 보통 약을 먹으면 감기가 낫는데 고열과 기침 같은 증세가 3일 동안 계속되었다. 이상하게 생각되어 동네병원을 찾아갔다. 진찰을 받은 후 들은 이야기는 심각했다. 폐에 구멍이 나 있다는 것이다. 무엇보다도 심각한 것은 구멍 난 부분에 염증이 생겨 폐가 썩어 들어가고 있다는 것이었다. 어쩔 수 없이 큰 병원을 가야만 했다.

의사 선생님이 주신 소견서를 가지고 1차 수술을 받게 될 서울 시립 보라매병원을 찾아갔다. 그곳에서 우선 정밀 검사를 받았다. 그리고 3개월간의 약물 치료를 받았다.

그런데 약물 치료가 끝나는 11월 15일에 1차 수술 후 마취에서 깨어나는 중에 건강한 한쪽 폐가 제 기능을 하지 못하게 되는 일이 벌어졌다. 이로 인해 심장이 멈춰 버렸다. 의사 선생님들이 응급조치를 해도 숨을 쉬지 않아 포기하는 절망적인 상황에까지 이르렀다. 하지만 어머니의 간절한 애원으로 의사 선생님들이 응급조치를 한 번 더 했다.

놀라운 일이 일어났다. 아마도 하나님의 도우심이었을 것이다. 내가 다시 숨을 쉬기 시작했다는 것이다. 의사들조차도 이해할 수 없고 믿을 수 없는 일이 벌어졌다.

기적적으로 나는 다시 깨어났지만 11일 동안 중환자실에 있어야 했다. 주사를 맞고 산소 호흡기를 이용하여 숨을 쉬며 링거 주사로 영양을 공급받으면서 생명을 연장해야 했다. 물 한 모금조차 마시지 못하며 보내던 시간들, 나에겐 말할 수 없는 고통의 시간들이었다. 하지만 중환자실에서 보낸 그 고통의 시간 속에서도 하나님께서는 변함없이 나와 함께하셨다.

11일 동안 중환자실 생활을 마치고 많이 회복되어 일반 병실로 옮기게 되었다. 그러자 이젠 더 이상 병마의 고통에 시달리지 않을 것이라는 생각이 들었다. 하지만 그런 내 생각은 부질없는 것이었다. 일반 병실로 옮긴 후 한동안 병세는 좋아지는 것처럼 보였다. 그러나 6일째 되는 날, 갑자기 열이 오르기 시작해서 38~41도까지 올라갔다. 고열이 나면서 나는 다시 호흡하기가 어려워졌다. 이 증세는 5일 동안이나 계속되었다. 고열이 계속되어 재수술할 수도 없는 상황이었다.

상황이 그렇게 되자 나를 담당하신 선생님이 흉부외과의 권위자를 추천하여 주셨다. 그래서 나는 1차 수술을 한 후 20여 일 동안 두 차례의 큰 위기를 겪으면서 암담한 시간들을 보내고 12월 5일, 삼성의료원으로 옮겨갔다.

불행 중 다행이었을까? 삼성의료원에서 두 차례의 수술을 받았는데 결과가 매우 좋았다. 상태도 좋아져서 나는 입원한 지 25일째 되는 12월 30일에 퇴원할 수 있었다.

세 번의 수술, 두 번의 죽음 직전까지 가는 경험을 하고 난 후 나의 삶에 큰 변화가 일어났다. 작은 일에도 감사하고 사랑이 가득한 마음으로 세상을 바라볼 수 있게 되었다.

나는 지금 눈물이 나도록 행복하다. 나에게 새 생명을 허락하신 하나님 아버지께서 나와 항상 함께하시기 때문이다. 아울러 나에게 넘치는 사랑을 베풀어 주신 조일래 목사님과 수정교회의 모든 성도님들, 청년부 형제 자매들, 그리고 사랑하는 나의 어머니와 동생들에게 감사하다는 말을 전하고 싶다. 그분들이 내 곁에 있기에 더 이상의 행복을 구하지 않게 된다.

마지막으로 내가 병상에 누워 사경을 헤맬 때 눈물로 간절히 기도하시던 송영선 목사님의 음성을 잊을 수 없다. 내 귓가를 울리던 그 기도 소리, 그것을 생각하고 그때를 기억하면 지금도 코끝이 시큰해진다. 송영선 목사님! 감사드리고 사랑합니다.

네팔로 간 우리 집 피아노

그렇게 해서 우리 집 피아노는 네팔로 가게 되었다. 하나님은 우리가 당장은
피아노가 필요하지 않음을 아셨고, 그래서 정말 필요한 곳에 보내어 그곳에서도
유용하게 쓰게 하고 나의 신앙도 아름답게 성장시키셨다.

명재현(집사)

나와 수정교회와의 만남은 1988년 7월쯤에 시작되었다. 언니 둘
이 교회 뒤 동네에서 방을 얻어 살고 있었기 때문에 자연스럽게
나도 대림 3동으로 오게 되었다. 난 시골에 있을 때 언니를 따라
중·고등부 예배를 드리곤 했다. 예수님에 대해 잘 알지는 못했지
만 하나님 말씀 듣는 것을 좋아했다.

토요일 저녁이면 고등부 예배를 마치고 혼자 좁은 논둑길을 걸
어 집으로 갔다. 달도 없는 밤길은 캄캄해서 나는 좁은 길을 벗어
나 옆 도랑으로 구르기도 했다. 겁이 많은 내가 어디서 그런 용기
가 생겼는지 모르겠다.

나는 내성적이고 겁이 많은 아이였다. 집안 식구들은 "저애가

앞으로 어떻게 사회생활을 할 수 있을지 모르겠다."며 걱정할 정도였다.

서울에 와서 옆집에 사는 한 청년을 통해 수정교회 청년부 예배에 나가게 되었다. 많은 사람들이 나에게 관심을 가져 주었고, 청년부에서 막내인 나에게 신경을 많이 써주었다. 소심하고 내성적인 성격도 청년부에서 많은 교제를 가지면서 조금씩 달라져 갔다.

특히 오제은 목사님이 계실 때 공동체 프로그램이 있었는데 내 마음을 여는 데 많은 도움이 되었다. 난 청년부의 한 자매를 통해 함께 초등부 보조 교사로 봉사하게 되었다. 그때 박승엽 전도사님은 교사들을 매우 잘 이끌어 주셨다. 그 전도사님의 권유로 정교사를 하게 되었다. 그런데 반 아이들이 자꾸 줄어들었다. 물론 나의 불찰 때문이었다. 난 교사를 그만두고 싶었다. 그러나 전도사님의 격려와 힘으로 다시 용기를 얻었다.

박 전도사님이 소년부를 맡으시면서 나도 소년부 교사로 가게 되었다. 박 전도사님은 작은 나의 신앙에 믿음의 불씨를 심어 주셨다. 지금은 신안 수정교회에서 목회하시는데 정말 감사하다는 말씀을 전해 드리고 싶다.

박 전도사님이 다른 교회로 가시고, 소년부에 문금임 전도사님이 잠깐 오셨다. 문 전도사님 역시 너무 큰 사랑으로 나에게 다가오셨다. 전도사님은 잠깐 소년부에 계시다가 유치부로 가셨다. 나도 유치부 교사로 가게 되었는데, 처음엔 유치부가 나와 맞지 않는 것 같았다. 그러나 하나님은 나에게 어린아이들을 향해 마음을 열게 하셨다. 아이들을 보면 만져 주고 싶고, 말하고 싶고, 다가가고 싶도록 내 마음을 변화시키셨다. 그때 내 믿음은 갓난아기와 같이 어렸다. 그렇지만 하나님은 그런 나도 쓰시고자 하셨다. 나는 나의 부족을 잘 알므로 하나님에 대해 더욱 배우고 싶고, 알고 싶었다.

하나님은 내가 신학을 하도록 길을 열어 주셨다. 연약하고 믿음이 없었지만 하나님은 내 중심의 생각을 아셨고, 내가 감당하기에 벅찬 일들을 계획하고 계셨다.

처음엔 쉽게 그 일을 하지 못하고 머뭇거렸다. 하지만 일은 시작되었고, 나는 연약하지만 하나님은 강하고 위대하고 능력이 많으신 분이라는 것을 알았다.

하나님께서는 힘든 생활 가운데서도 4년의 공부를 잘 마치게 하셨다. 큰 아이를 임신했을 때 신학교 3학년이었다. 그래서 큰 아이를 배에 담고 1년, 작은 아이를 배에 담고 1학기 공부를 했다. 그리고 나머지 1학기는 3년이 지난 다음에 했다.

아이들이 연년생이기 때문에 중간에 포기하고도 싶었다. 그러나 언제 어떻게 하나님께서 나를 쓰실지 모르기 때문에 끝까지 공부했다. 물론 철저한 하나님의 계획과 인도하심이었다.

"에녹과 늘 동행하셨던 하나님! 저와도 동행하여 주옵소서."

성경 속의 에녹을 보면서 나도 그렇게 하나님과 늘 동행하며 살기를 원했다. 그래서 하나님께서 어느 날, 에녹을 데려가셨던 것처럼 나도 그렇게 하나님께 가기를 원했다.

여호와 하나님, 그분은 내가 내 자신의 주인이었을 때는 보이지 않다가 나를 그분께 내어드릴 때 보이는 분이었다.

내 인생에 있어 가장 중요한 시기가 있었다. 바로 결혼이었다. 3

일 금식기도를 하기 위해 오산리 금식기도원을 갔다. '남편될 사람이 과연 나의 남편감으로 하나님이 주신 사람일까?' 하는 생각 때문이었다.

금식기도를 마친 후 그 사람이 생각나서 공중전화로 전화를 걸었다. 하나님께서는 그 사람이 보고 싶도록 자꾸 내 마음에 그리움을 심어 주셨다. 그런데 그를 만나 보니 신앙도 없고 세상을 의지하여 살아가는 그가 마음에 들지 않았다. 그러나 내 생각과 달리 하나님은 자꾸 보고 싶은 마음이 들게 하셨다. 그리고 내 입에서 그가 하나님이 주신 배우자라는 말이 반복되어 나왔다.

1995년 1월 7일, 드디어 결혼을 했다. 남편은 처음에는 함께 교회에 나가 예배를 드렸다. 그러나 점차 하나님과 멀어지고 세상과 가까워지는 생활을 했다. 남편에 대해 서운한 마음이 미움으로 변해 갔다. 그러나 하나님은 그런 남편을 통해 내 모습을 다듬고 계셨다. 그가 하나님께 가까이 가지 못하는 요소가 남편 자신에게 있는 것이 아니라 바로 나에게 있었다.

어느 날, 금요 심야기도회의 찬양 시간이었다. 그날은 찬양 목사님을 초청하여 말씀과 찬양으로 예배를 드렸다.

"내가 먼저 손 내밀지 못했고, 내가 먼저 웃음 짓지 못했고……."

복음성가를 부를 때, 문제는 남편이 아니라 바로 내게 사랑이 없다는 깨우침이 왔다. 하나님께서 그 찬양으로 내 안에 찾아오셨다. 눈물이 계속 나왔다. 내 마음이 아프고 힘들 때 그도 그만큼 힘들었을 거라는 생각이 들었다.

그렇지만 모든 것이 금방 해결되지는 않았다. 서로 말다툼을 많이 했다. 생각하는 것이 많이 다르기 때문이었다.

　그 후 새해 1월 1일, 부흥회가 있었다. 네팔에 계신 백종윤 선교사님이 강사로 오셨다. 선교사님은 믄금임 전도사님이 네팔에 선교사로 가시게 되었는데 필요한 물품들이 있다고 하시면서 피아노가 필요하다고 말씀하셨다. 그러자 순간 '내가 가지고 있는 피아노가 내 것이 아니었구나.'라는 생각이 들면서 '그래, 우리 피아노는 하나님 것이야.'라는 생각이 들었다.

　나는 남편이 반대할 것을 미리부터 알고 있었다. 그 피아노는 남동생이 급하게 돈이 필요하다며 나에게 판 것이었다. 산 지 얼마 안 되었지만 누나가 사면 아깝지 않을 것이라고 하여 힘든 형편에 중고 값인 130만 원에 샀었다.

　난 남편을 설득했다. 남편은 다시는 피아노를 사달라고 하지 말라며 마음대로 하라고 했다. 그렇게 해서 우리 집 피아노는 네팔로 가게 되었다. 하나님은 우리가 당장은 피아노가 필요하지 않음을 아셨고, 그래서 정말 필요한 곳에 보내어 그곳에서도 유용하게 쓰게 하고 나의 신앙도 아름답게 성장시키셨다. 하나님은 '먼저 그의 나라와 그의 의를 구하는 삶'이 되도록 나를 훈련시키신 것이다.

　내가 지쳐 있는 동안 남편도 많이 지쳐 있었다. 그나마 교회에 조금씩 나왔지만, 원래 술을 좋아했던 남편은 세상 사람들과 잘 어울렸다.

　어느 겨울 새벽 4시쯤, 파출소에서 전화가 왔다. 남편이 길에 쓰러져 있어서 파출소에 데려다 놓았다고 했다. 큰 아이가 갓난아이였을 때여서 나는 아이를 안고 파출소로 갔다. 술을 좋아하는 남편이지만 하나님께서 그래도 보호하여 주셨다는 생각이 들었다.

얼마 전에도 남편은 술을 마시고 집 앞에 쓰러져 있었다. 그것도 이른 아침에……

최근 들어 새벽 1시가 넘어도 남편이 들어오지 않아 화가 난 나는 하나님께 "남편이 깨닫도록 손 좀 봐주세요. 아주 조금만요." 하고 기도했다. 그런데 새벽 2시가 넘어 들어온 남편은 맨발이었고 오른쪽 발이 퉁퉁 부어 있었다. 나는 걱정보다 얄미운 생각이 들었다.

다음날 병원에 가보니 오른쪽 엄지 발가락이 부러졌다고 했다. 의사 선생님은 조금만 더 다쳤더라면 수술을 할 뻔했다고 했다. 남편은 싸우는 사람들을 말리다가 자기도 모르는 사이에 다쳤다고 했다. 그래서 지금 남편은 깁스를 하고 있다. 난 하나님께서 역사하셔서 남편이 하나님의 큰 일꾼이 되기를 오늘도 기도드린다. 특별히 아브라함과 같은 큰 믿음을 달라고……. 권사님이신 시어머님의 기도를 하나님께서 반드시 들어주시리라 믿는다.

"너희는 먼저 그의 나라와 그의 의를 구하라. 그리하면 이 모든 것을 너희에게 더하시리라(마 6:33)." 하신 말씀처럼 하나님의 일을 먼저 하다 보면 나머지 내 일은 하나님께서 아름답게 이루어주시리라 믿는다.

총력전도 초청잔치에 163명을 초청하다

그날 오신 분들의 카드를 추려 보니 가슴이 뭉클하여 하나님께 감사의 눈물을
흘리게 한 한 장의 카드가 있었다. 그날 새벽, 새벽기도회 가면서 탔던 택시의 기사님.
내가 드린 마지막 카드였다.

문예순(권사)

뚜렷이 생각나지는 않지만 내가 4~5세 때쯤 우리 가족은 자식
이 없는 먼 부잣집으로 양자를 갔다. 양자를 간 것까지는 좋은데
양할아버지 할머니께서 아버지를 당신 자식으로 삼았으니 당신들
마음에 드는 며느리를 맞아야 한다며 우리 어머니를 내쫓으시고
새 며느리를 맞아들이셨다.

내 의지와는 상관없이 나는 새어머니를 맞았고, 새어머니를 만
나므로 나의 생활은 행복과 불행, 즉 부요함과 말로 표현할 수 없
는 시려움, 이렇게 두 갈래가 되어 버렸다.

세월이 흘러 내가 25세 되던 11월, 난 채규열 안수집사와 결혼
을 했다. 나는 해방된 마음으로 행복한 나날을 보냈다.

그러던 어느 날, 고모께서 찾아오셨다. 이젠 결혼도 했으니 친어머니를 만나 보라는 것이었다. 나는 싫다고 했다. 미워서 그런 것이 아니라 새어머니에게 미안한 마음이 들어서였다. 나에게 잘했든 잘못했든 그래도 날 길러 주셨기에……. 그리고 또 하나는 내가 생모를 만나면 내 인생이 더 우습게 되는 것 같아서였다.

이런저런 일이 다 잊혀질 즈음, 난 첫 아이를 갖게 되었다. 정말 기뻤다. 난 무슨 신에게인지 모르지만 감사를 했다. 그런데 두 달도 채 못 되어 유산이 되고 말았다. 섭섭했지만 다음을 기다리며 마음을 접었다.

그러던 어느 날, 양장점에 놀러 갔는데 재단 테이블 위에 성경책이 놓여 있었다. 나는 반가운 마음으로 양장점 아주머니에게 교회 나가시느냐고 물었다. 그러자 큰길가 하얀 건물 교회에 다닌다고 했다. 나도 마침 그 교회에 나가려고 했다고 하자 아주머니는 오늘이 수요일이라며 저녁에 함께 가자고 했다. 그래서 나는 그날 저녁 양장점 아주머니와 함께 교회에 가서 등록을 했다. 그리고 다음날 성경책을 사다 놓고 주일을 기다렸다.

내가 그렇게 쉽게 교회에 가게 된 것은 다 이유가 있었다. 지금 생각해 보면 고모께서 나를 위해 늘 기도하고 계셨기 때문이었던 것 같다. 처녀 때부터 주일만 되면 교회 가자고 간청했지만 나는 늘 "하나님을 보여 주면 갈게요."라고 대답했다.

"절에 가면 부처가 있는데 하나님은 어디 있어요?"

난 고모의 마음을 상하게 한 적이 한두 번이 아니었다. 그랬던 내가 내 발로 교회를 간 것이다.

난 할머니들을 따라 절에도 많이 갔었는데 이상하게도 불상 앞에서 한 번도 절을 하지 않았다. 절하는 것이 싫어서도 아니었는데 아무 생각 없이 절을 하지 않은 것이다. 지금 생각해 보니 나는 이미 택한 백성이어서 하나님께서 하지 못하도록 내 마음을 붙잡아 주신 것 같다. 얼마나 감사한 일인가.

그 후 나는 또다시 아이를 갖게 되었다. 그런데 또 두 달도 못 되어 유산이 되었다. 그런 나에게 남편은 "다른 사람들은 안 되던 일도 교회 나가면 잘 되던데, 당신은 왜 교회 나가면서 그렇게 유산을 하느냐?"고 말했다. 나는 그 말을 듣고 교회 나간 지 얼마 안 되어 아무것도 모르는데도 새벽기도회를 다니면서 절절한 마음으로 기도를 했다. 그러나 세번째도 네번째도 계속 유산이 되었다. 난 울면서 하나님께 매달렸다. 그야말로 막무가내로 기도한 것이다.

지금 생각하면 하나님이 나를 사랑하셔서 참 믿음을 갖게 하고, 기도를 많이 하게 하시려고 연단시키신 것 같다. 그러나 당시로서는 참으로 어렵고도 힘든 시간들이었다.

"하나님, 딸이든 아들이든 하나만 주시면 주의 일을 하겠습니다. 주님 뜻대로 살겠습니다."

나는 주의 일이 무엇인지, 주님의 뜻이 무엇인지도 모르면서 기도를 했다.

1977년 12월 31일, 나는 송구영신 예배를 드리러 가서 또다시 기도를 했다. "딸이든 아들이든 하나만 주시면 주의 일, 주의 뜻……." 하며 얼마 동안 기도하고 있는데 내 귀에 음성이 들렸다.

"널 낳아 준 어머니도 안 만나면서 자식을 달라느냐?"

나는 진심으로 잘못했다고 회개하며 "꼭 만나겠으니 주십시오." 하며 한없이 기도를 했다. 그때 또 음성이 들렸다.

"그래, 내가 네게 주마."

그 소리를 듣고 나는 너무 기뻐서 "감사합니다, 감사합니다, 정말 감사합니다."를 100번도 더 했을 것이다. 그리고 눈을 떠보니 내 옷은 온통 눈물 콧물로 범벅이 되어 있었다. 난 너무 기뻐서 날아갈 것만 같았고 얼굴에 웃음이 번졌다. 너무 좋아서 "하나님이 주신단다. 하나님이 주신단다." 하고 중얼거리면서 집으로 돌아왔다. 난 지금도 하나님을 체험한 그날을 결코 잊을 수가 없다.

1978년 9월 16일, 하나님은 내게 아들 충현이를 주셨다. 그제야 병원 원장님이 말씀하셨다. 아기집이 기형이라 아기가 자랄 수 없다고. 그런데도 하나님은 나에게 아기를 주신 것이다.

충현이가 첫돌이 지난 1979년 11월, 나는 서울로 이사를 왔다.

나는 전에 다녔던 교회가 성결교회여서 성결교회를 찾아다녔다. 아이를 업고 육교에 올라가서 찾기도 하고 집집마다 다니며 교회 팻말도 보았다. 그런데 성결교회 교패는 보이지 않았다.

성결교회를 찾지 못한 채 토요일이 되었다. 마음이 조급했다. 내일은 어디로 예배를 드리러 가야 하나 걱정이 되었다. 그런데 저녁 때, 어떤 청년이 성경을 옆에 끼고 우리 가게에 왔다. 나는 너무 기뻐서 그 청년에게 어느 교회 다니느냐고 물었다. 그 청년은 수정성결교회를 다닌다고 말했다. 아니, 내가 그렇게도 찾던 성결교회가 가까운 곳에 있었다니. 난 그 청년과 교회를 같이 가기로 약속했다. 그리고 하나님께 감사기도를 드렸다.

주일 아침이 되어 그 청년과 함께 교회에 갔다. 그때만 해도 어려운 시절이라 교회에 올라가자 화장실 냄새가 났다. 문 입구에서 분홍색 한복을 입은 여자분이 안내를 하고 있었다. 나는 '저분이 사모님이신가?' 하고 생각했지만 그분은 현재 정철례 권사님이고, 그 청년은 현재 전하희 집사님이다.

25년이 지난 지금도 잊혀지지 않는 일은 '토요일 심방'이다. 매주 토요일만 되면 당시 전도사님이셨던 조일래 목사님께서 심방을 오셨다. 성경을 옆에 끼고 총총걸음으로 얼마나 빨리 걸으시는지 숨가쁘게 오셔서 문 밖에서 기도만 해주시고 가셨다.

조일래 목사님께서는 당시 전도사로 목회를 하시면서 신학공부를 하고 계셨다. 평일에는 학교에 가시고 수업이 없는 토요일에는 전교인을 대상으로 심방을 하셨다. 나중에 듣기로는 목사님께서 학교 가실 때 전철 손잡이를 잡고 주무신다고 했다. 그 이야기를 들을 때 마음이 아팠다.

한번은 내가 충현이를 등에 업고 닭 한 마리를 사들고 목사님 댁을 찾아갔다. 대문을 막 들어서려는데 안에서 소리가 들려 왔다. 아이들 우유 값을 조금만 더 달라고 하며 사모님이 울먹이는 소리로 목사님께 말했다. 그러자 목사님께선 아이들이 목마르다고 하면 물을 먹이면 되지 않느냐고 말씀하셨다. 나는 그만 눈물이 나서 가지고 갔던 닭도 드리지 못하고 집으로 발길을 돌려야 했다.

지금 생각해 보면 전도사님께서는 공부하시랴, 목회하시랴 항상 잠이 부족했고, 단돈 100원도 절약하셔서 선교에 전념하시고, 성도 사랑하기를 전도사님 자신보다 더하셨던 것 같다. 그런 것을 알게 되자 전도사님을 더욱 존경하게 되었다.

우리는 대림동에서 8개월을 살그 난곡동으로 이사를 갔다. 그리고 아이들 작은아버지 결혼식 때 막내고모 댁에서 생모를 만났다.

하나님과의 약속을 지킨 것이다.

어머니와 이야기를 나눈 뒤, 택시를 태워 드릴 때였다. 어머니의 어깨를 잡아 차 안으로 모셔 들이는데 내 손이 어머니의 몸에 닿는 순간, 지금까지 살아오면서 한 번도 느껴 보지 못한 뭉클한 감정이 울컥 솟아올랐다. '아, 이것이 핏줄이란 것이구나.' 그러자 지금까지 조금이나마 어머니에 대해 가지고 있던 부정적인 생각들이 일시에 사라지며 녹아내렸다. 하나님께서 이런 경험을 하게 하시려고, 어머니에 대해 조금도 나쁜 감정이 남아 있지 않게 하시려고 그토록 만나기를 원하셨다는 생각이 들었다.

하나님은 이렇게 새어머니, 낳아 준 어머니 모두에게 감사한 마음을 갖게 하셨다. 다 하나님의 놀라운 사랑 안에서만이 있을 수 있는 일이었다.

1981년 6월 5일, 둘째아들 재현이를 하나님께서 또 주셨다. 하나만 달라고 했는데 의학적으로는 낳을 수 없는 자식을 둘이나 주신 것이다. 충현이와 재현이는 아홉 달 만에 2.2kg과 2.3kg의 미숙아로 태어났지만 하나님께서 잘 길러 주셨다. 나는 하나님의 은혜에 감사하며 새벽에도 첫 버스를 타고 새벽기도회에 참석했다.

우리는 난곡동에서 2년을 살고 1982년 경기도 의왕읍 포일아파트로 이사했다. 이젠 정말 수정교회와 너무 먼 곳으로 이사를 갔기 때문에 교회를 옮기기로 마음먹었다.

집을 마련해 왔으니 한편으로는 기뻤지만 또 한편으로는 수정교회를 갈 수가 없어서 마음이 아팠다. 목사님과 사모님도 나와 같은 마음이셨다. 목사님도 와보시더니 너무 멀어서 수정교회에 오라는 말씀은 못하시고, 서울로 이사 오면 꼭 다시 만나자고 하셨다. 그렇게 할 것을 약속하고 나는 아파트 단지 안에 있는 교회로 새벽기도회를 다녔다.

기도를 하다가도 수정교회에 갈 수 없다는 생각과 이제 수정교회 교패를 떼어야 한다는 생각을 하니 한없이 눈물이 나왔다. 자다가도 한숨이 나오고, 이래도 저래도 마음이 편치 않았다.

주일이 돌아왔다. 마음은 수정교회에 가고, 몸은 아파트 단지 안 교회를 갔다. 예배 도중 나는 한없이 나오는 눈물을 억제할 수가 없었다. 말씀에 은혜를 받아서가 아니라 조일래 목사님이 생각나서였다.

'목사님이 설교하시다가 내가 앉았던 자리를 보시면……'

나는 예배가 끝나자마자 집으로 돌아와 남편에게 말했다. 그러자 당신 마음이 정 그러면 수정교회를 다니라며, 안 그러면 병나겠다고 말했다.

금요일에 새벽기도회에 가서 기도를 하는데 또 한없이 눈물이 나고 내가 너무 초라해 보였다. 나는 하나님만 계속해서 부르며 기도했다. 그때였다.

"집 지키는 개라고 아무 집 앞에나 가서 짖으면 되겠냐?"

나는 순간 정신이 번쩍 들면서 '그래, 역시 내 집은 수정교회야.' 하며 눈물을 훔치고 "아멘, 아멘." 하면서 기도를 마치고 집으로 돌아와 남편에게 말했다.

"나 수정교회에 갈 거예요. 하나님이 나한테 수정교회 지키라고 하셨어요."

남편이 빙그레 웃었다. 그리고 그 주일에 수정교회로 가는 내 발걸음은 무척이나 가벼웠다. 지금 이 글을 쓰면서도 그때 생각을 하면 웃음이 나온다.

수정교회에 다시 나온 기쁨을 무슨 말로 표현해야 할까? 지금은 하늘나라에 가신 정순희 권사님께서 나를 놀리느라 "문 집사, 왜 또 왔냐?" 하시며 웃으셨다. 그래도 나는 좋기만 했다.

그 먼 곳에서도 나는 변함없이 맡은 일에 충성을 다했다. 하나님과 목사님 마음에 기쁨을 드리려고 버스를 세 번씩 갈아타고 다니면서 수요예배, 구역예배, 금요 심야기도회 그리고 심방까지 최선을 다했다. 그런 열심이 내 마음에서 나온 것이 아님을 나는 너무도 잘 알기에 늘 하나님께 감사하며 기쁜 마음으로 봉사를 했다.

그러던 1984년 10월 12일 금요일, 나는 재현이를 데리고 교회에 가서 구역회와 구역예배를 마치고 집으로 왔는데 재현이가 슈퍼마켓을 갔다 오다 사고를 당했다. 상가 벽에 있는 360볼트나 되는 퓨즈를 만진 것이다. 검지는 까맣게 타서 차디차고 중지는 터져 있었다. 안양병원으로 데리고 가자 손가락을 절단해야 한다고 했다. 재현이 나이 4세, 모든 잘못은 내게 있었다.

나는 울면서 선생님, "제 손가락을 잘라서 우리 아들한테 붙여 주세요." 하며 애원했다. 하도 내가 울면서 쫓아다니자 선생님께서는 남의 손은 안 된다고 하셨다. 나는 병원 앞 교회에 가서 한없이 울며 기도했다. 왜 하필 재현이냐고…… 그러다 나는 곧바로 회개를 했다.

"하나님이 주신 선물 재현이는 하나님 아들이니 하나님이 마음대로 하십시오."

사실 나는 두 아들을 주신 하나님께 감사하며 봉사만 했지, 두 아들을 하나님 마음에 드는 아이로 키우겠다는 생각은 한번도 해

보지 않았었다. 재현이는 십자가만 보면 "엄마! 십자가에 달린 예수님이 나를 살려 주셨지?" 하고 말했다. 뒤에 안 얘기이지만, 의사 선생님들 말이 그렇게 강한 전기를 만졌는데 어떻게 살았는지 이상하다고 했단다.

"재현이를 살려 주신 하나님, 앞으로 재현이를 통해 큰 영광 받으시옵소서!"

1985년 12월쯤 우리는 안양 충훈부로 이사를 하여 교회와 많이 가까워졌다. 버스는 여전히 세 번씩 갈아타야 하지만, 시간은 한 시간밖에 걸리지 않았다. 절반 정도 가까워진 것이다.

또 한 가지 잊지 못할 일이 있다. 1988년 3월 20일, '총력전도 초청잔치-꼭 한 번만'

1월 31일, 목사님께서 2,000명 전도 목표를 선포하셨다. 모든 성도들은 그저 얼굴만 서로 바라볼 뿐 뭐라고 말을 하지 못했다. 너무 엄청난 일이고 어처구니없는 선포였다. 해마다 행하는 손에 손 잡고 하는 총동원 주일에도 걱정이 앞서는데 2,000명이라니……

나흘 후 우리는 목사님과 함께 청주에 있는 청북교회에 성공 사례를 들으러 갔다. 우리는 그 교회 목사님으로부터 성공 사례를 듣는 순간, "아! 우리도 할 수 있구나. 나도 할 수 있다." 하며 누가 먼저랄 것도 없이 "목사님! 우리 3,000명 하지요!" 했다. 목사님은 기쁘셔서 "그래요? 그럼 3,000명입니다." 하셨다.

나는 조금 걱정스런 마음으로 집에 왔다.

'나는 할 수 있는데 남편에겐 어떻게 말하지?'

그렇게 많이 하려면 물질이 필요했기 때문이다. 나는 남편에게 조심스럽게 이야기를 꺼내며 청북교회 목사님이 하신 말씀을 그대로 전했다.

"그래? 그럼 우리는 50명씩 100명을 하자."

그 순간 나는 하나님께 감사를 드렸다. 성령님의 인도하심이 아니고는 그런 일이 있을 수가 없었다. 우리 부부는 3월 20일 3,000명을 위해 시간과 몸과 물질을 아낌없이 드리자고 굳게 다짐했다. 그리고 마음속으로 '평생에 한 번이다. 평생에 한 번이다.' 하고 기도하며 전도하는 일을 그 어느 것보다 우선순위에 놓았다.

먼저 우리 가족은 인사말부터 바꿨다. 먼저 보는 사람이 '3월 20일'이라고 하면 '3,000명'으로 대답을 하는 것이었다. 전화가 와도 "3월 20일 누구세요?" 현관문을 열어도 "3월 20일 누구세요?" "3,000명 아빠입니다." 등으로 말했고, 아이들은 3,000명을 모르는 사람은 문을 열어 주지 않았다.

우리 부부는 밥을 먹을 때도 잠자리에 들면서도 전도 대상자를 생각했다. 나는 복음을 한번도 들어본 적이 없는 사람들만을 대상으로 전도했는데 부녀회, 노인정, 협회, 학생들, 슈퍼마켓, 정육점, 이발소, 미장원, 약국 등에 전도지를 드리며 "꼭 한 번만입니다."라고 말했다.

택시 기사님들께도 전도지를 드리며 성함을 여쭤 보았다. 어느 기사님은 자신의 주소까지 친절하게 가르쳐 주었다. 나는 택시 기사님들에게 간절한 초청의 글을 보냈고, 큰 시숙님과 안 믿는 친척 모두에게도 내 평생에 단 한 번 드리는 간절한 소원이니 꼭 한 번만 와달라는 글을 보냈다. 전화로 해도 되지만 그렇게 하지 않았다. 그리고 새벽마다 명단을 보며 기도했다.

그렇게 전도에만 온 신경을 쓰다 보니 꿈에서도 전도만 하러 다닐 정도였다. 자꾸 아기 낳는 꿈을 꾸더니 어느 날은 쌍둥이를 낳기도 했다. 심지어 우리 아이들도 자기 친구 엄마에게 "아줌마, 교회 다니세요? 안 다니시면 3월 20일에 우리 엄마 다니는 수정교회에 한 번만 꼭 오세요." 하고 졸라댔단다.

나는 그렇게 반 미친 사람처럼 가방 하나 들고 전도만 하러 다니고, 남편은 부지런히 일하며 물질로 도왔다. 우리 부부는 늘 새벽 1~2시에 잠자리에 들면서 새벽기도회에 못 갈까 봐 걱정했는데 하나님께서 자명종이 없이도 그 시간이 되면 깨워 주셨다.

그날 오신 분들의 카드를 추려 보니 가슴이 뭉클하여 하나님께 감사의 눈물을 흘리게 한 한 장의 카드가 있었다. 그날 새벽, 새벽기도회 가면서 탔던 택시의 기사님, 내가 드린 마지막 카드였다. 마지막까지 도와주신 하나님께 다시 한 번 감사를 드렸다. 그날 163명의 귀한 분을 만나게 해주신 하나님께 영광을 돌린다.

1989년 1월, 하나님의 축복 속에 으리 집은 대림 3동 수정성결교회 앞 성락아파트로 이사를 왔다. 나는 1988년부터 2002년까지 주일학교 교사로 봉사를 했다. 올 한 해는 여전도연합회 회장을 하느라 쉬고 있지만, 나는 하나님께 "아이들이 나를 싫어할 때까지 교사를 하겠습니다." 하고 약속을 했다. 또한 남편은 안수집사로, 두 아들은 찬양단에서 아름답게 봉사하고 있다. 특히 둘째아들 재현이는 신학대학에 다니고 있다.

내 나이 53세, 지금까지의 생애 손에서 하나님을 만나지 않았던 삶은 슬픔뿐이었지만, 하나님을 만난 후의 삶은 기쁨뿐이었다. 우리 가족 모두에게 기쁨을 주신 하나님께 감사와 영광을 돌린다.

주님! 감사합니다

어머님께서 그제야 깨달으셨을까? 기도하고 예배드리기를 원하셨다. 다시 살 수 있다면
남은 여생을 믿지 않는 사람들에게 예수 믿을 것을 전하며 살 것이라고 하셨다.
약해지신 시어머님을 보면서 과연 하나님의 뜻이 무엇인지 깨달을 수 있었다.

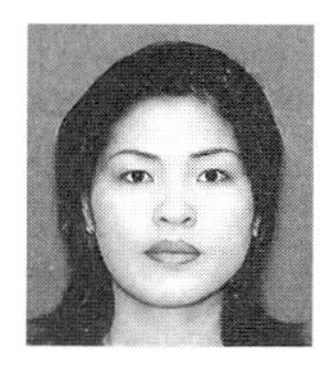

박복순(집사)

해마다 약속이나 한 듯 거르지 않고 찾아오는 꽃샘추위에 또다
시 깊숙이 넣어 두었던 겨울 코트를 찾아 입었다.

올해로 13년째를 맞나 보다. 뭇사람들의 축복을 받으며 결혼식
을 올렸던 그해 봄……, 그러나 우리의 결혼생활은 출발부터 순탄
하지 않았다.

결혼 후 신혼여행도 가지 못한 채 남편은 지방 출장을 떠나고
나는 아예 병원에서 먹고 자며 시아버님의 병간호를 해야 했다.

양가 부모님께서 서로 인사를 나눈 뒤 한 달도 채 안 되어 시아
버님께서 간암 말기라는 선고를 받으셨다. 그래서 당시 순천향대
학병원에서 입원하신 시아버님은 우리 결혼식에도 참석하지 못하

셨다. 시어머님은 시아버님이 연세도 많으신데 아들 둘 중 한 명도 결혼을 못 시켰으니 돌아가시기 전에 결혼을 시켜야 한다고 생각하셨다.

암 투병생활 3개월째, 시아버님께서는 말씀도 못하시고 하체 감각도 없으셔서 대소변을 받아내야 했다. 그러나 시아버님은 첫 아이 임신으로 입덧에 힘겨워하는 며느리의 정성어린 간호에도 불구하고 세상을 떠나시고 말았다. 그것이 결혼 4개월 후였다.

갓 시집 온 나는 집안에서 첫 며느리였다. 장례식에 참석한 모든 손님들의 시선이 나에게 모아지고, 어릴 때부터 신앙생활을 한 나로서는 불교 장례식이 어색하기만 했다.

"새 며느리가 들어오면 나도 교회에 나가겠다."고 하시던 시어머님은 사십구일재를 지내면서 아예 모든 것을 절에 맡기시고 1주일에 한 번씩 절에 가서 제사를 지내셨다. 그런데 하필이면 그날이 꼭 주일이었다. 난 교회에 가야 한다는 말은 입 밖에도 꺼내지 못하고 하얀 소복 차림으로 시어머님을 따라 절에 갔다.

3, 4주째가 되었을까? 어느 날, 시어머님의 호령이 떨어졌다. 부처님과 시아버지 제사상에 왜 며느리가 절을 하지 않느냐는 것이었다. 제사상 앞에서 그냥 앉아 있는 모습을 어머님께서는 그날에서야 보셨나 보다.

그날 이후부터 본격적인 시어머님의 핍박이 시작되었다. 성경책도 방에 두지 말라고 하셨다. 시아버님의 혼이 성경책 때문에 집안에 못 들어온다는 것이었다.

또한 나의 언행에 꼬투리를 잡아 교회 다니는 사람이 그러냐는 등 말도 안 되는 말씀으로 핍박을 하셔서 집을 뛰쳐나가고 싶을 정도였다. 결혼 전 친정어머니가 반대하셨던 까닭을 그제야 실감할 수 있었다. 하지만 나는 이 십자가를 내가 기꺼이 져야겠다는 생각으로 참고 기도했다.

그러나 주일마다 아침 일찍부터 서두르시는 어머님께 난 감히 교회에 나가겠다고 말씀을 드리지 못했다. 부정 탄다고 하시며 그 날로부터 사십구일재가 끝날 때까지 또다시 주일에 절에 가는 것은 면했지만 집을 나가시면서 어머님은 절대로 외출을 못하도록 이런저런 일들을 숙제처럼 내주고 가셨다.

신혼의 힘겨운 날들 속에서 그나마 내게 힘이 되는 것은 퇴근하고 돌아온 남편(이하우 성도)의 따뜻한 말 한 마디였다. 그렇지만 남편도 결정적인 때는 어머님께 말 한 마디 못하고 그냥 순종할 수밖에 없었다.

그렇게 신앙생활을 제대로 하지 못하는 생활을 몇 년 더 했다. 그 사이에 나는 시어머님의 핍박에서 조금이라도 벗어나고 싶어서 직장생활을 시작했다. 조그만 집을 마련하여 분가한 뒤 대림동으로 이사를 했다. 난 반상회에 참석했다가 우연히 최윤정 집사님의 말씀을 듣게 되었고, 그분을 따라 수정교회에 나오게 되었다.

주일에 한 번 드리는 예배였지만, 나는 목사님의 말씀에 은혜를 받고 매주 눈물 콧물이 범벅이 된 채 집으로 돌아오곤 했다. 한 주도 빠지지 않고 그렇게 2개월을 은혜로운 예배를 드렸다. 소원이라면 이제 남편과 두 아이들의 손을 잡고 주일날 다정하게 교회에 나가는 것이었다.

결혼 전에 교회에 잘 나가기로 친정어머니와 약속했던 남편은 약속을 지키기는커녕 지방 출장으로 1주일에 한 번씩 집에 오면 아이들을 데리고 야외 나들이 가기에 바빴다.

나는 주일예배 후 집사님들과 친교는 생각도 못하고 예배가 끝나면 곧장 집으로 와야 했다.

종가집 외며느리, 명절 때나 집안 제사에 누구의 도움도 없이 어린아이를 업고 일을 해야 하고, 타쁜 직장생활을 핑계로 먼저 해야 할 일을 잊고 중요한 것이 무엇인지도 모르고 바쁘게 생활하던 그 늦여름, 생각하고 싶지도 않은, 그냥 잊고 싶은 일을 나는 당하고야 말았다.

작은 아이를 추락 사고로 먼저 보냈다……

물밀듯이 한꺼번에 쏟아지는 후회, 결혼 10년을 어떻게 살았는지 그동안 신앙생활을 어떻게 했는지……. 설움, 눈물, 원망……. 이 모든 것들이 어떤 깨달음으로 변해 눈물로 흘러내렸다. 나는 애써 추스르며 예수 믿는 내가 남편보다 먼저 일어서는 모습을 보여야 했다.

돌아오는 첫 명절, 나는 시어머님께 무언으로 나의 입장과 앞으로의 갈 길을 밝혔다. 종전같지 않게 조용히 받아들여 주시는 어머님을 보며 주님께 감사했다.

그로부터 몇 개월 후, 시어머님이 갑자기 폐암으로 병원 신세를 지게 되었다. 믿어지지 않았다. 평소에 늘 건강에 신경 쓰시고 자주 건강 검진도 받고 계셨기 때문이다. 나는 어머님이 암이라는 것이 믿어지지가 않아 몇 번이고 남편에게 되물어 보았다.

어머님께서 그제야 깨달으셨을까? 기도하고 예배드리기를 원하셨다. 다시 살 수 있다면 남은 여생을 믿지 않는 사람들에게 예수 믿을 것을 전하며 살 것이라고 하셨다. 약해지신 시어머님을 보면서 과연 하나님의 뜻이 무엇인지 깨달을 수 있었다.

침대에 누우신 채 어머님은 내 손을 잡으시며 "내가 잘못했다." 고 하셨다. 울컥 눈물이 나왔다. 그동안의 핍박과 설움, 그것 때문이 아니었다. 더 큰 이유는 살아 계신 하나님의 사랑을 받으며 제대로 교회 한번 같이 못 나가 보시고 부르심을 받아야만 하는 어머님이 너무도 불쌍하고, 그렇게 못한 나 자신을 용서할 수 없어서였다.

잠깐 정신이 들어 어설픈 글씨로 손수 쓰신 주기도문을 읽으시며 기도하시고, 별로 반가워하지 않던 친정 언니와 형부의 기도에도 감사해 하셨다. 그리고 당신이 원하셔서 조 목사님의 도움으로 세례도 받으시고, 가족 모두가 처음으로 병원에서 예배를 드리기도 했다.

눈을 감으신 어머님의 모습은 너무 편안해 보였다. 금방이라도 환하게 웃으실 것만 같은 어머님의 얼굴, 그것은 내가 지금까지 본 어머님의 모습 중 가장 아름다운 모습이었고, 처음이자 마지막 모습이었다.

그해 늦가을, 하나님께서는 우리에게 아주 예쁜 아기를 선물로 주셨다. 그리고 수정교회에 등록한 지 3년 만인 2002년 9월 22일 주일, 주님의 축복 속에서 남편은 세례를 받았다.

그날 세례를 받고 친정집 수해 복구를 위해 강원도로 향하는 길에서 나는 깨달았다. 그날이 바로 하루 한 끼씩 40일 금식기도가 끝나는 마지막 날이었다.

나의 기도 제목은 물론, 먼저 이루어야 할 것을 미리 아시고 순서대로 차근차근 챙겨 주시는 하나님! 모든 것을 합력하여 선을 이루시는 좋으신 하나님! 내 무릎 위에서 알아듣지도 못하는 노래를 흥얼거리는 아들 태연이의 재롱을 보면서 하나님의 놀라운 계획과 세밀하심에 입에서 절로 감사의 말이 흘러나왔다.

"주님! 감사합니다."

다섯번째 생일 카드에 써주신 목사님의 말씀처럼 남편 이하우 성도와 아들 도연, 태연이가 모두 자랑스러운 주님의 큰 일꾼이 되기를 기도하면서……. 하나님, 오늘도 감사합니다.

나를 명지 성모병원에 보내신 이유

그 환자는 주일 아침이면 어김없이 나타나는 나를 생각하여
오징어 한 마리를 가지고 휠체어를 타고 6층에서 1층까지 내려와 기다리고
있었던 것이다. 순간 뒤통수를 한 대 맞은 느낌이 들었다.

박영이(권사)

작년 1월 초순쯤으로 기억되는 어느 주일 아침, 언제나 그렇듯이 나는 일찍 예배를 드린 후 병원으로 갔다.

응급실을 들여다보고 중환자실, 3병동, 5병동을 거치며 "오늘 11시에 예배드리러 오십시오!" 하고 외치고는 6병동 간호사실 앞에 도착했다. 그때, 휠체어를 타고 뒷골목의 사나이같이 생긴 한 환자가 "아줌마 이거." 하고 내게 손을 내밀었다.

반쯤은 보이도록 신문지에 싼 오징어와 비닐봉지에 담긴 약간의 땅콩이었다. 순간 아줌마라는 말이 매우 어색하게 들리면서 당황스러웠다.

아침 9시에 오징어와 땅콩을 내미는 환자, 그도 그럴 것이 병실

에서 욕도 잘하고 간호사들을 무례하게 대하는 환자였기에 '받아야 하나, 아니면 따끔하게 한마디 쏘아 주나.' 하고 잠깐 생각했다. 그가 나를 놀리는 것이라고 생각했기 때문이다.

그러나 그것도 잠깐, 난 손을 내밀어 그것을 받으면서 "저 주시는 거예요? 잘 먹겠습니다. 정말 고맙습니다." 하고 말했다. 그러자 그는 퉁명스럽게 "왜 오늘은 늦었어요? 진작부터 병원 1층 정문에서 기다렸는데 안 오시기에 올라왔지요." 하고 말했다. 그제야 나는 '정말로 이 환자가 나를 주려고 준비하고 기다렸구나!' 하는 고마운 생각이 들었다.

아침마다 회진하면서 따뜻한 눈길 한번 주지 못했는데, 그 환자는 주일 아침이면 어김없이 나타나는 나를 생각하여 오징어 한 마리를 가지고 휠체어를 타고 6층에서 1층까지 내려와 기다리고 있었던 것이다. 순간 뒤통수를 한 대 맞은 느낌이 들었다.

입원한 지 5개월쯤 된 그는 공사장에서 일하다 떨어져 목과 허리를 다쳐 목 수술을 했는데, 최근 들어 허리가 아프다고 휠체어를 타고 다녀서 '보상 많이 받으려고 아프다고 하는구나.'라는 생각이 들어 난 미리부터 마음의 문을 닫고 있었다. 간호사들을 대하는 태도가 불손하다고 '무식한 환자'라는 낙인을 찍어 버린 내 자신이 부끄러웠다.

주님은 용서할 수 없는 나의 죄를 위하여 십자가에서 죽어 주셨는데 난 이들을 위해 무얼 했는가, 하는 생각과 질병과 사고로 육신의 고통보다 마음이 먼저 병들어 버린 저들에게 나는 과연 따뜻한 사랑을 주었던가, 하는 뉘우침이 물밀듯이 밀려왔다.

그 다음 주일 아침, 나는 일부러 그의 병실에 들렀다.

“오진호 씨, 지난 주일에 준 오징어 잘 먹었어요. 너무 고마웠어요. 오늘 11시에 예배드리러 오실래요?” 하고 말을 건넸다. 그러면서도 나는 ‘이 환자는 절대 안 올 거야.’ 하는 마음이 더 강했다. 그러나 그는 “갈게요.” 하며 너무나 순순히 대답하는 것이 아닌가.

“부장님이 나가시는 수정교회에 가고 싶지만 허리가 아프니 병원교회 나가고, 한 달 있으면 허리 수술 하니까 수술 후에 수정교회로 나가죠.”

나는 너무 의외인 그의 말에 깜짝 놀라고 흥분되어 “정말이에요?” 하고 뛸 듯이 기뻐했다. 아! 그래서 너희는 때를 얻든지 못 얻든지 전하라고 하셨구나.

그 후 오진호 씨는 같은 병실에 입원 중인 환자의 보호자와 열심히 병원교회에 나갔다. 무엇을 아는지, 모르는지 제일 앞자리에 앉아 성경을 뒤적이곤 하던 그가 2월에 허리 수술을 받았다. 그런데 그가 수술실의 침대에 누워 눈을 감고 있을 때, 누군가가 그의 손을 잡고 이마에 손을 얹었다는 것이다.

그는 내가 와서 손을 잡아 주는 줄 알았는데 눈을 떠보니 아무도 없었다고 말했다. 아마 그때 예수님이 안수해 주신 것 같다고 했다. 그러나 나는 그에게 구체적으로 말씀을 전하지도, 예수님을 영접시키지도 못했다.

그는 한글도 잘 읽지 못하는 수준이었다. 그래서 예배시간에 계속 성경을 뒤적거린 것 같았다.

수술을 마치고 병실로 돌아온 그는 완쾌될 것이라는 확신이 있었다. 그리고 2주 후 그는 일어나 걷기 시작하면서부터 새벽에 병원교회에 내려가 2시간씩 기도한다고 했다. 나는 너무 신기하고 믿어지지 않아 정말로 기도를 하느냐고 물었다. 그는 기도하면 시간이 어떻게 가는지 모른다고 말했다.

아직까지 새벽기도회 시간에 기도를 2시간씩 해본 적이 없는 나는 너무 부끄러웠다. 또 한편으로는 너무나 오묘하신 주님의 섭리에 감탄하지 않을 수 없었다.

그 후 그는 순한 양 같은 모범 환자로 변했고, 병실의 청소와 잔일을 손수 먼저 하면서 병상생활을 했다.

그는 2월 말경에 퇴원했다. 집이 인천이어서 멀기는 하지만 수정교회에 나오겠다고 하여 작년 초청주일에 수정교회에 등록했다. 그 뒤로도 열심히 잘 출석했는데 몸이 회복되자 공사 현장에서 일을 해야 하므로 지방으로 내려갔다.

올해도 어김없이 초청주일이 돌아왔다. 또 누구를 어떻게 초청할까. 꼭 결신시켜야 하는데 어깨가 무겁다.

"주님, 오늘 새벽에도 기도 드립니다. 저를 통하여 수정교회에 발을 들여놓는 많은 영혼들을 긍휼히 여겨 주셔서 구원의 반열에 올려 주소서.

난생 처음 교회를 나온 주지현, 유아 세례를 받고도 교회에 나오지 않는 이주희, 우리 병원에서 가장 순종을 잘하면서 출석하는 고은옥, 정후덕, 김경숙, 강영희, 요리조리 빠져 도망가는 장영애, 세례 받고도 잘 못 나오는 김경미, 이채라, 데리러 올 때까지 기다린다고 약속해 놓고 도망가는 이선영, 남정화, 매주 핑계만 대는 김정희, 김은재, 방주희, 잘 믿고 축복을 받고 싶어 안달하지만 몸이 잘 따라 주지 않는 진춘옥, 최선영, 매주 교회 가자고 하는 내가 귀찮아 다른 교회로 가겠다고 도망가는 권경순, 스스로 겨우 일어섰다가 쓰러지기를 반복하는 손은경, 김막례, 나보다 더 열심히 봉사하는 황정현, 이 모두의 영혼을 주님, 맡아 주소서.

에스더의 "왕후의 위를 얻은 것이 이때를 위함이 아닌지 누가 아느냐."는 에스더 4장 14절 말씀으로 깨우쳐 주시는 주님, 저를 명지 성모병원에 보내 주시고 간호부장으로 일하게 하신 것은 영혼 구원을 위함인 줄 알고 있습니다.

아직 하나님을 알지 못하고 예수님이 누구인지도 모르는 50여 명의 우리 병원 간호사들에게 긍휼을 베풀어 주소서. 저는 연약하여 아무것도 할 수 없으니 저를 도와주셔서 이번 초청주일에도 풍성한 열매를 맺게 하소서. 아멘."

혹이 없어진 것만이 기적이 아니다

지금도 내 뱃속에 혹이 있는지 모르지만(관심도 없지만), 그 후 한번도 병원에 가본 적이 없다.
오히려 하나님께서 모든 일을 감당할 수 있는 힘을 주셨다. 조일래 목사님께서는 새벽기도회 때
마다 안수해 주시면서 치료를 통한 체험이 부족한 성도들에게 간증거리가 되기 원한다고 하셨다.

박영진(집사)

나는 불교 집안에서 태어났지만 부모님은 종교는 자유라고 말
씀하실 정도로 개방적이고 자유로운 분위기에서 자랐다.

2남 1녀 중 둘째로 태어난 나는 초등학교 때부터 교회학교를 다
녔다. 미션스쿨인 금란여고에 입학하여 세례도 받고 성가대원으로
3년간 봉사했지만 구원의 확신이나 참 믿음이 없어서 졸업 후 교
회와 멀어지게 되었다.

그 후 고등학교 때 기독 활동을 했던, 나와 비슷한 경험을 한 남
편을 만나면서 결혼했다. 우리는 신혼여행을 다녀와서 곧바로 동
네교회에 등록하고 주일예배와 구역예배를 드렸다. 하지만 교회에
가면 편안하고 성도들을 만나면 그저 반가운 정도의 생활을 했다.

그로부터 7년 후쯤 부모님과 합치는 과정에서 교회를 옮기게 되어 신앙생활이 다시 흐지부지되어 가고 있을 무렵이었다. 1988년, 왼쪽 난소에 큰 혹이 발견되었다.

나는 이미 세 번의 수술을 했는데 첫 아이와 둘째아이 분만 때에도 제왕절개로 분만을 했다. 난 수술 후 상태가 좋지 않아 수혈을 받고 겨우 5일 만에 자리에 앉을 수 있었다.

퇴원 후에도 자궁 수축이 잘 되지 않아 두 달 후 엄청난 양의 하혈을 하게 되었다. 지혈제 주사로도 멈추지 않아 소파 수술로 겨우 회복을 하게 되었는데, 설상가상으로 몇 달 후 맹장 수술까지 하게 되었다. 이런 과정 속에서 나는 장 유착이 심한 후유증을 갖게 되었다.

그런 어려움을 겪은 후 또다시 혹이 발견되자 하나님을 의지하지 않은 채 '이런 혹이야 또 수술하면 되겠지.' 하는 생각으로 또 수술을 하게 된 것이다.

오른쪽 난소 수술 후 2개월 정도 지났을 때, 다시 오른쪽 배에 9.7㎝의 혹이 다시 발견되었다. 혹이 있어도 아프지 않을 수 있다고 하는데 나는 1주일에 몇 번씩 배가 아파 뒹굴다 응급실로 실려 가곤 했다. 그런데 다니던 고대 구로병원에서 여러 번의 수술로 인해 장이 많이 유착되어 수술 불가 판정이 났다.

그 후로 서울대병원, 한의원 등 여러 곳을 다니며 검사를 받아 보았지만 모두 같은 말뿐이었다.

죽는 것은 두렵지 않았지만 연로하신 두 분 시부모님과 큰집에서 자라고 있어 마음 놓고 사랑도 못 준 큰아이, 또 유난히 나만 따르는 작은아이를 과연 누가 돌봐줄 수 있을까 생각하니 너무 슬프고 미안해서 나는 남편과 날마다 울며 지냈다.

너무 자주 아프고 두려워 마지막으로 고대 구로병원 담당 박사님께 무조건 수술해 달라고 떼쓰자 박사님께서는 수술하다 죽을 수도 있으니 나보다 더 높으신 곳에 계신 분을 찾으라고 하셨는데 나는 그 말을 깨닫지 못하고 가족에 대한 걱정과 절망감으로 울기만 했다. 그러다 남편이 금식기도원에 가보자고 해서 청계산 기도원에 갔다. 처음 가본 기도원은 참 편안했다.

남편은 금식하며 성전과 산에서 부르짖으며 기도하는데 나는 환자라는 핑계를 대고는 금식도 기도도 하지 않고 잠만 잤다. 그러면서 2~3일이 지나자 친정에 맡기고 온 딸이 보고 싶어졌고, 편안함이 점점 불편함으로 바뀌어 갔다. 난 어리석게도 나를 고쳐줄 하나님 품에 가서도 그것을 깨닫지 못했던 것이다.

환상으로 하나님을 만나고 은혜 속에 푹 빠져 있는 남편을 졸라 7일 만에 산에서 내려오고 말았다. 교회에 다니는 것을 반대하시던 시아버님도 아픈 며느리를 보시고 안타까우셨는지 제사 지낼 손자만 놔두고 너희들은 교회 다니라며 허락하셨다. 그럼에도 불구하고 정말 변해야 할 나 자신은 변하지 않고 하나님을 바라보지 않은 채 응급실을 드나들며 몸이 쇠약해져 몇 시간 외출도 힘겨울 정도가 되었다.

그러다 다니던 교회가 목사님과 장로님의 갈등으로 분열되고 성도들이 흩어지는 바람에 우리 부부도 옮길 교회를 찾게 되었다. 전에 교회에서 같이 신앙생활을 하다가 먼저 수정교회로 온 이유미 집사가 수정교회를 소개했다. 그는 성도들 간에 사랑도 많고 목사님도 너무 좋으니 한번 예배에 참석해 보라고 했다.

1997년 어느 금요일 밤, 우리 부부는 심야기도회에 참석하려고 교회 앞에서 서성이고 있었다. 그때 마침 이정화 집사의 눈에 띄게 되었고 3층 본당으로 인도되었다.

맨 앞자리에 앉은 우리는 쉽지만 마음을 찌르는 말씀과 목사님의 신실하신 모습에 은혜를 받았다. 또 성도들의 따뜻한 사랑 속에 교회가 낯설지 않고 오랫동안 다녔던 것처럼 느껴졌다. 그래서 그 다음 주일에 등록하고 첫 예배를 드리며 나는 하나님께 한 가지 약속을 드렸다.

"하나님, 저는 아무것도 모르고 아무것도 할 수 없습니다. 하지만 어떤 일을 시키시든지 무조건 순종하겠습니다."

난 그때 그 약속을 하고 지금까지 그것을 지키려고 노력하고 있다. 그리고 그 약속 하나만을 열심히 지켰는데 하나님께서는 나에게 놀라운 축복을 주셨다. 나를 직접 만나 주시고 엄청난 기적을 베풀어 주신 것이다.

첫째로 내게 일할 수 있는 건강을 주셨다. 지금도 내 뱃속에 혹이 있는지 모르지만(관심도 없지만), 그 후 한번도 병원에 가본 적이 없다. 오히려 하나님께서 모든 일을 감당할 수 있는 힘을 주셨다. 조일래 목사님께서는 새벽기도회 때마다 안수해 주시면서 치료를 통한 체험이 부족한 성도들에게 간증거리가 되기 원한다고 하셨다.

어느 날, 목사님께서 나에게 기도원에서 기도 응답이 있었다고 말씀해 주셨다. 혹이 없어진 것만이 기적이 아니고 이렇게 힘을 얻어 일할 수 있는 것 자체가 기적이 아니겠느냐며 최선을 다해 하나님 일을 하는 한, 하나님께서 데려가시지 않을 것이라는 응답을 받았다며 나를 격려해 주셨다.

둘째로 마음에 평안과 참 기쁨을 얻게 되었다. 그리고 그 기쁨을 다른 사람에게 전하고 싶은 마음까지 주셨다.

나를 수정교회로 인도해 주신 사랑의 하나님, 그리고 나를 위해 기도해 주신 조일래 목사님과 모든 성도님들께 감사드린다. 세상 속에 있던 나에게 교회에 가자고 권유한 남편 육종탁 집사에게도 감사를 드린다.

수정교회가 아니면 안 되었던 일들

간절한 마음 때문이었는지 어느 날 밤 꿈에 예수님께서 길을 걷고 계시는 것이 보였다.
나는 예수님을 발견하고 즉시 죽을 힘을 다해 따라갔다. 예수님은 나를 돌아보셨는데
성화에서 본 모습 그대로였다. 예수님은 내게 "형식적으로 믿지 말라."는 말씀을 하셨다.

배정숙(집사)

　김포 불로동의 수정선교센터 설립예배를 드리면서 나는 말할
수 없는 감격으로 목이 메었다. 수정교회와 함께 한 지난 20여 년
의 시간들이 주마등처럼 뇌리를 스쳐 지나갔기 때문이다. 어렵고
힘들 때도 많았지만 그때마다 지켜 주시고 영광스런 그곳까지 인
도하신 하나님의 사랑에 감사의 눈물이 자꾸만 흘렀다.

　처음 수정교회에 갔을 때, 넓지 않은 2층에 100여 분의 성도님들
이 계셨는데 분위기가 고향 교회 같아 좋았다. 당시 조일래 목사
님은 전도사님으로 계셨는데 첫 인상이 인자하시고 진실하게 보
였다. 나는 훌륭하신 목사님 아래 신앙생활을 열심히 하게 되었다.
목사님은 성도 한 분 한 분에게 많은 관심을 가지고 계셨고, 늘 사

랑으로 지도해 주셨다.

이듬해 4월, 나는 출산 때문에 입덧도 심하고 후유증도 심해서 큰 집에서 몸조리를 하고 있었다. 목사님은 신학대학원에 다니시느라 바쁘신 중에도 교회 나간 지 1년밖에 안 된 나를 위해 화곡동까지 오셔서 기도해 주시고 위로해 주셨다. 그때 얼마나 죄송스럽고 감사했는지 모른다.

미용실을 하던 나는 낮에 교회 봉사를 못하기 때문에 새벽기도회 만큼은 빠지지 않고 열심히 다니려고 노력했다. 당시 남편은 직장 일로 이틀에 하루는 꼭 집을 비우던 때라 난 새벽기도회 때마다 아이를 업고 다녔는데 하루는 예배시간이 임박한지라 아이를 집에 두고 교회를 가야 했다.

예배가 끝나고 집에 돌아와 보니 문이 열리고 아이가 보이지 않았다. 비는 부슬부슬 오는데 이 새벽에 어디 가서 아이를 찾을까 걱정이 되어 우선 파출소와 남편의 직장과 교회에 연락을 했다. 지금은 두 분 다 목사님이 되신 김성윤, 구자태 전도사님께서 차를 타고 오셨다.

교회로 다시 가보자는 두 분의 말씀이었지만 한번도 혼자 걸어서는 가본 적이 없는 아이가 거기 있을 것 같지 않았는데 도착해 보니 뜻밖에도 교회 문 밖 정원 쪽에 내복 차림으로 아이가 서 있었다. 그때만 해도 길 주변에 집들이 없었고 거리도 캄캄했는데 무사히 그 길을 건너서 엄마를 찾아온 생각을 하니 아찔하기도 하고 얼마나 반갑던지……

또 한번은 그날도 시간이 급해서 아이를 혼자 재워 두고 황급히 교회를 다녀왔더니 다른 때 같으면 울고 있을 아이가 울지 않고 얌전히 있었다. 이상하다 싶어 왜 안 울었냐고 물으니 대답도 하지 않고 "엄마, 예수님은 그리스도시지?" 하고 물었다. 나는 깜짝 놀라 그 이유를 물으니 예수님을 봤다는 것이었다. 예수님은 머리가 길고 흰옷을 입으셨는데 날아다니는 아기도 있어서(아이의 표현에 의하면) 울지 않고 놀고 있었다고 했다.

꿈이었는지 잘 모르지만 딸아이는 지금까지도 그때 일을 기억하고 있다. 하루도 빠짐없이 새벽기도를 드리려고 열심을 내니 하나님께서 아이에게 그런 것을 보여 주셨나 보다.

교회가 성장하면서 성도들도 함께 복을 받기 시작했다. 신길동으로 이사 온 지 10년 만에 부동산 자격증을 얻은 남편이 영등포에 부동산을 개업하고 평촌에 아파트를 분양받게 되었다.

평촌의 새 집으로 이사를 갔다. 아침 일찍 집을 나섰다가 저녁에 잠깐 자러 가는 집이었지만 처음 산 집이라 기쁨도 컸다. 그런데 그 기쁨도 잠시, 몸과 영혼에 엄청난 고통이 오기 시작했다. 영적 우울증이 시작되어 마음에 평화가 없어지고 한없는 불안감에 시달렸다. 몸은 기운이 없어 가누기조차 힘들었다. 생각하는 것이 내 마음대로 되지 않고 모든 것에 자신이 없어졌다. 차를 탔을 때도, 걸어가다가도 쓰러질 것 같은 상황이 반복되었다. 난 있는 힘을 다해 이겨 내고자 애를 썼다.

한약방에 갔더니 '자율신경 실조증'이라며 약을 권했다. 그러나 약을 먹어도 큰 차도가 없었다. 나는 정신을 차리고 한번 내 자신을 돌아보았다. 하나님 앞에 나의 잘못된 부분을 회개했다. 무엇 때문에 이런 고통을 당해야 하나? 스스로 질문했을 때 그것은 죄 때문이라는 답밖에 나오지 않았다.

이사 오기 전, 친정 여동생과 물질 문제로 다투고 용서하지 못한 채 미워한 것이 죄가 되었다. 무엇보다 이사 와서부터 하나님의 은혜를 망각하고 열심히 하던 기도생활이 나태해져서 새벽기도회, 수요예배, 금요 심야기도회를 거의 드리지 못하고 있었다.

나는 이은자 사모님께 먼저 모든 일을 숨김없이 말씀드리고 도움을 요청했다. 사모님께서도 기도하던 사람이 기도를 열심히 하지 않고 형식적으로만 한 것 같다고 하시면서 하나님께 더 가까이 다가가라고 하셨다. 난 목사님께 안수기도를 받으면서 병 낫기를 원했다. 목사님께서는 대림동에 다시 이사 올 것을 권유하셨다.

나는 남편에게 부탁하여 제발 이사 가자고 말했더니 남편도 내 병이 심상치 않게 생각되었는지 곧 집을 내놓고 이사를 기다렸다. 나는 갈급한 마음이 되어 교회를 혼자 자주 가서 집에 갈 생각도 않고 그냥 밤을 지낸 적도 많았다.

주님께서 나를 버리시진 않을까 하는 불안감에 주님께 더욱 가까이 가길 원하며 지금까지 지은 많은 죄들을 거듭 회개했다.

어느 날인가는 곧 심장이 멎을 것같이 심하게 뛰고 괴로워서 미용실에서 일을 하다 말고 교회로 달려가 엎드려 기도한 적도 있었다. 시간 있을 때마다 사모님을 찾아가기도 하고 전화도 드렸다. 자꾸만 사모님께 나 자신을 의지하고 싶었다.

어느 날 댁으로 찾아갔더니 사모님께서 '여호와 닛시'의 말씀을 전해 주시면서 꼭 이겨낼 것이라며 용기를 주셨다. 사모님은 그날 저녁, 교회에서 기도하는 내게 오셔서 같이 밤을 새워 주시면서 주님께서 우리에게 건강을 주셨을 때 그 건강을 헛되이 쓰지 말고 주님을 위해 사용해야 한다고 말씀해 주셨다. 또 찬양도 해주시며 위로해 주셨다.

사모님은 교회 앞 목욕탕 안에 있는 미용실도 소개해 주셔서 내가 신안미용실을 인수하는 데 많은 도움을 주시기도 했다. 나에게는 평생 잊을 수 없는 분이다.

마침 부동산에 내놓았던 집이 팔렸다. 들어가 살려고 예쁘게 꾸미고 다듬은 집이었지만 아무런 미련도 없었다. 그 집에 들어간 지 8개월 만에 다시 대림동으로 이사를 왔다.

이사 후 열심히 새벽기도회에 나가 조일래 목사님께 안수를 받자 마음이 차츰 안정되었다. 그리고 말씀을 가까이 하기 시작했다. 내게 필요한 성구들을 써가면서 말씀을 읽었다.

"믿음의 기도는 병든 자를 구원하리니 주께서 저를 일으키시리라. 혹시 죄를 범하였을지라도 사하심을 얻으리라."는 야고보서 5장 15절 말씀이나 "징계는 다 받는 것이거늘 너희에게 없으면 사생자요 참 아들이 아니니라."는 히브리서 12장 8절의 말씀들이 내게 힘과 용기를 주었다. 그리고 시험을 만났을 때 기뻐하라, 기도하라, 지혜를 구하라, 끝까지 인내하라는 목사님의 말씀을 떠올렸다. 나는 끝까지 인내하며 주님께 매달렸다.

간절한 마음 때문이었는지 어느 날 밤 꿈에 예수님께서 길을 걷고 계시는 것이 보였다. 나는 예수님을 발견하고 즉시 죽을 힘을 다해 따라갔다. 예수님은 나를 돌아보셨는데 성화에서 본 모습 그대로였다. 예수님은 내게 "형식적으로 믿지 말라."는 말씀을 하셨다. 나는 아무 말도 할 수 없어서 그냥 서 있기만 했다.

어느 날 수요예배 후에 집에 돌아와서 침대에 엎드려 기도를 드리는데 나의 병을 고쳐 주시겠다는 음성을 듣게 되었다. 나는 더 큰 힘을 얻었고 새로운 희망을 갖게 되었다. 환란에서 나를 건지신 사랑과 능력의 하나님이 너무 감사하여 꾸준히 새벽기도를 드리며 감사했다.

그러던 차에 김포 불로동에 선교센터 부지를 매입했다는 소식이 전해졌다. 그리고 한 분 두 분 그곳으로 이사를 가셨다. 나도 그곳으로 이사하고 싶어서 마음이 조급해졌다. 교회 근처에서 신앙생활하는 것이 성도에게 얼마나 큰 축복인지 잘 알게 된 나는 남편에게 조심스럽게 이사 얘기를 꺼냈다. 남편은 자기 직장과 대학에 다니고 있는 딸은 어떻게 하느냐며 안 된다고 말했다. 나는 꼭 이사갈 수 있게 해달라고 하나님께 기도하면서 남편의 마음이 움직이길 기다렸다. 공기도 좋고 교회도 가까운 그곳에 가서 살면 얼마나 좋을까 하는 생각뿐이었다.

그런 나의 기도가 응답되어 결국 이사를 가게 되었다. 하나님의 역사하심은 우리가 감히 상상할 수 없다. 큰 평수의 집을 좋은 가격에 살 수 있다고 해서 9월에 잔금을 치르고 12월 초에 이사를 해야 되기 때문에 경제적인 문제가 걱정되었으나 넉넉한 대출로 인해 좋은 조건으로 집을 살 수 있었다. 방향도 안 보고 산 집이 정남향 집이어서 겨우 내내 따스한 햇살을 받을 수 있었다. 그리고 이번까지 네 번씩이나 새 아파트에서 사는 기쁨을 주셨다.

이사를 오니 교통이 제일 큰 문제였다. 꼭 필요하지 않아 차를 사지 않았는데 교회와의 거리가 약간 있어서 차가 필요했다. 그런데 하나님께서 강점구 집사님 내외분을 우리 이웃 아파트로 보내주셔서 그분들이 정성껏 차량 봉사를 해주셨다. 그것을 보고 남편도 감동받기 시작했다. 그리고 조금씩 변화가 일어났다.

남편은 불로동 교회를 섬기고부터 성도들과도 잘 어울리고 예배도 거의 빠짐없이 참석한다. 그리고 이기적이고 계산적인 세상 사람들과 교인들과는 확실히 다르다는 것을 깨달았다고 말한다.

이번에도 성전 설립예배를 위해 교회에 가서 혼자 유리창 청소를 열심히 하는 것을 보며 이젠 제법 교회를 사랑하는 마음이 있는 것 같아 기뻤다. 헌금도 자신이 먼저 작정하고 드리자고 말할 정도로 달라졌다. 이곳으로 이사 오기 전에는 구역예배 갔다 오면 늦게 온다고 전화통을 부수고 헌금을 한다고 나를 구박하던 남편이었다.

나는 남편이 더 많이 변화되어 이제껏 하지 못한 봉사를 이제부터라도 열심히 했으면 한다. 딸도 썩 잘하지는 못하지만 피아노 반주자로 봉사를 하겠다니 요즘 감사가 넘친다.

나는 직장도 그만두고 이사 왔지만, 이제 새로운 사업을 주실 것을 기도하며 기다리고 있다.

기관지 확장증으로 앞으로 5년밖에 못 산다는…

주님을 순간순간 잊어버릴 때가 있어서 세상의 물질을 좇다가 사업 실패와 사기 등으로
몸이 병들어 갔다. 주님께선 나를 어찌 하시려고 질병의 고통을 주시는지 알 수 없었다.
나는 기관지 확장증이라는 병으로 앞으로 5년밖에 못 산다는 시한부 인생이 되었다.

설종복(안수집사)

시골의 작은 마을에서 원효의 아들인 설총의 자손으로 태어난 나는 3세 되던 해에 어머니가 돌아가셔서 새어머니를 맞게 되었다. 새어머니는 나를 구박하여 평탄치 않은 생활을 했다.

내가 살던 마을은 무당과 우상의 흔적이 많은 동네였고, 우리 집은 불교 집안이어서 나도 자연스럽게 우상에 빠져들게 되었다.

나는 배를 타는 학교에 입학하게 되었는데 고3 때이던 어느 날, 실습을 마치고 집으로 돌아오는 길목에서 조그만 가정집을 헐어 개척하시는 나이 많은 전도사님을 보게 되었다. 그 모습이 너무 애처로워 보여서 나는 아무런 조건 없이 교회 짓는 일을 한 달 동안 도와 드렸다.

그러던 중 일본 어선에 승선하게 되었는데 그때 도움을 드렸던 전도사님으로부터 눈물의 기도가 담긴 편지를 몇 번 받게 되었다. 그 편지를 읽으면서 나는 처음으로 '과연 예수님이 있을까?' 하고 생각하게 되었다. 그리고 마침 같은 배에서 일하던 일본인이 「저 높은 곳을 향하여」라는 간증 책을 주어서 읽게 되었다.

전도사님의 계속된 편지와 간증 책으로 차츰 마음에 감동이 생겨 불교에서 말하는 백일기도를 작정하여 하기 시작했다. 그러다가 마지막 3일간 연속으로 주님의 모습을 환상으로 보았는데 "종복아, 세례를 받아라." 하는 음성도 들려 왔다. 그때 들려온 주님의 음성은 나를 굴복시키기에 충분했다. 그리고 예수님의 오른손이 접시가 되어 내 머리에 물을 부어 주셨다.

그러나 우리 집안이 마귀 역사가 심해서 세례를 받은 후 어려운 일이 많이 생겼다. 일이 많이 꼬이고, 또 마도로스라는 직업은 음란한 생활을 하기 쉬운 직업이어서 점점 어려움이 다가왔다. 난 그 생활에서 벗어나야겠다는 생각이 들어 8년 동안 몸담고 있던 바다와 배를 뒤로 한 채, 하나님이 기뻐하시는 사람이 되겠다는 각오를 하고 육지로 나왔다.

그러나 육지생활은 나에게 그리 만만치만은 않았다. 마도로스를 그만두자 일단 수입이 없어졌고, 새어머니의 구박도 다시 시작되었다. 조상들의 죄 때문인지 조금만 나태해지면 마귀 역사가 일어나 곧잘 나를 깊은 나락으로 이끌어 갔다. 그렇게 많은 고난과 시련이 거듭되었지만 그럴 때마다 나는 주님의 십자가를 붙잡고 일어섰다.

주님의 십자가의 고통을 생각하면 나같이 못나고 추한 죄인을 위해 죽으셨다는 것이 너무 큰 기쁨으로 다가왔다. 그것이 큰 행운으로 생각되었고, 주님이 나를 택해 주시고 나를 통해 우리 가정이 주님의 자녀가 되었다는 것을 생각할 때마다 너무 고맙고 감사해서 말로 표현하지 못할 정도였다.

결혼을 하고도 열심히 신앙생활을 했다. 열정적으로 하면 할수록 마귀는 더욱더 틈을 타 꿈에까지 나타났다. 그러던 중 아브라함이 갈대아 우르를 떠나는 장면이 환상으로 보였다. 나는 그것을 우상이 있는 집에서 떠나라는 뜻으로 깨닫고, 결혼한 지 3개월 만에 무작정 상경하여 서울 대림동에 정착하게 되었다. 그리고 지금의 수정교회에 출석하게 되었다.

시골 개척교회는 어린이들을 가르칠 수 있는 사람이 없었다. 난 그것이 안타깝게 생각되어 어릴 적부터 아이들을 사랑해 주고 가르쳐야 한다는 것을 뼈저리게 느끼고, 수정교회에 오자마자 성경 지식이 없는 상태임에도 불구하고 최선을 다해 열정적으로 아이들을 가르쳤다.

경상도 사투리로 인해 가르치는 데 어려움을 느꼈지만 좌절하지 않고, 1985년부터 지금까지 그 일을 해오고 있다. 그런 속에서 자신의 나태함과 부족을 알고 많은 노력도 하게 되었다.

그러나 그런 영적인 생활을 하면서도 주님을 순간순간 잊어버릴 때가 있어서 세상의 물질을 쫓다가 사업 실패와 사기 등으로 몸이 병들어 갔다. 주님께선 나를 어찌 하시려고 질병의 고통을 주시는지 알 수 없었다. 나는 기관지 확장증이라는 병으로 앞으로 5년밖에 못 산다는 시한부 인생이 되었다.

호흡의 어려움을 느끼며 '어차피 죽을 것인데 이렇게 살다 죽지

뭐.' 하고 좌절하기도 했다. 그러나 목사님의 안수기도를 통해 다시금 용기를 얻었다. 그리고 기도를 열심히 하는 가운데 하나님께서 건강식으로 몸을 관리하라는 지혜를 주셨다.

어릴 적부터 가지고 있는 고질병이 차츰 회복되어 가고 주님의 일을 하라고 주시는 고통으로, 바울의 가시로 알게 하시는 깨달음을 얻을 수 있었다. 그리고 하나님은 절망 속에서도 희망으로 인도하시는 분임을 알 수 있었다.

배를 타고 항해를 해보면 바다가 잔잔할 때도 있지만 늘 그런 것만은 아니다. 거친 폭풍우와 태풍이 몰아닥쳐 배가 중심을 잃을 때도 많다. 그럴 때에도 난 한번도 키를 놓은 적이 없었다. 키를 놓았다가는 나는 물론이고 배에 탄 모든 선원들이 바다에 빠져 죽는다는 것을 알기 때문이다.

하나님은 나에게 삶이라는 커다란 선물을 주셨다. 이 삶이라는 바다를 항해할 때, 사업의 실패라는 고통의 파도도 만났고, 의사로부터 5년밖에 살지 못한다는 선고를 받는 고난의 파도도 만났다. 그러나 난 더 기쁨으로 살 수 있었다. 나의 키가 되시는 십자가를 놓지 않고 붙잡고 있었으므로 감사하며 살 수 있었다.

또 나에게 맡겨 주신 어린아이들을 말씀으로 인도하는 교사의 직분을 주신 것도 참으로 감사한 일이다. 나의 꿈은 끝까지 교사직을 놓지 않는 것이다.

내가 주일학교 교사를 계속하는 것은 어린이를 사랑하시는 예수님의 모습을 생각해서이고, 어릴 적부터 주님을 알게 하는 것이 무엇보다 중요한 일이라는 것을 알기 때문이다. 또 부족한 점이 너무 많지만 주님의 사랑을 조금이나마 전해 보고 싶어서, 주님이 좋아하시는 일이라면 내 힘이 닿는 데까지 최선을 다하고 싶어서 이다. 그래서 몸을 움직일 수 있는 한 이 일을 계속하고 싶다.

　"사랑의 주님, 감사합니다. 작은 시냇물이 졸졸졸 맑은 물소리를 내며 흘러가는 것은 바닥에 돌멩이와 굴곡, 나무 뿌리의 걸림이 있기 때문이듯이 우리도 거친 세상에서 많은 어려움이 있지만 모든 것이 하모니가 되어 결국 아름다운 삶이 된다는 것을 알 수 있습니다. 거친 세상이지만 넉넉히 이겨 나가게 하시는 주님의 사랑을 저는 그 어떤 것과도 바꿀 수 없습니다. 주님, 감사합니다."

남편 전도를 위한 20년 동안의 기도

지쳐 있던 나에게 주님은 20년 만에 모처럼 휴가를 주셨다. 남편에게 기도 좀
해달라고 하면 내 다리에 손을 얹고 기도해 준다. 비록 몇 마디밖에 안 되는 기도지만
얼마나 감격스러운지 눈물이 핑 돈다.

소미경(집사)

2000년에 나는 대림동으로 이사하면서 섬길 교회를 찾지 못하고 이곳저곳 방황했다.

한 달쯤 지났을 때 누군가를 보내 달라는 나의 기도가 응답되어졌다. 같은 아파트의 정정자 권사님께서 전도를 오신 것이다. 그러다가 어느 날, 새벽기도회를 가려고 나와 있는데 주차장에서 권사님을 다시 만났다. 나는 하나님의 인도하심으로 알고 3월에 수정교회 성도가 되었다.

요즘 저녁 식사를 마친 후 제자 훈련을 받기 위해 황급히 나가는 남편(김성철 집사)을 보면 얼마나 감사한지 모른다. 기도가 응답되기까지 많은 시간이 흘렀지만 나는 남편이 이처럼 예수쟁이가

되어 변화될 줄 미리부터 알고 있었다. 그것은 아내인 나보다 남편을 더 사랑하시는 주님, 남편을 통해 많은 영광을 받으시기 원하시는 주님을 믿고 있었기 때문이었다.

20년의 긴 세월 동안 기도하며 권면했지만 남편의 태도는 한결같았다.

"조용히 당신이나 다녀."

교회에 나오는 부부들의 다정한 모습을 보며 나는 남편이 원망스럽고 미울 때도 많았다. 부부가 같이 찬양하는 모습을 볼 때면 집에 돌아와 남편에게 교회에 같이 나가자며 눈물을 쏟기도 했다. 그러나 어린아이들을 데리고 교회에 가느라 지칠 때면 남편이 교회에 당분간 가지 않고 아이들을 돌봐 주는 것도 괜찮다고 생각하기도 했다. 나에게는 남편의 영혼을 사랑하는 마음보다 내가 다니는 교회에 출석시키고 싶은 마음이 더 컸던 것 같다.

계속 금식하며 기도해도 응답이 오지 않아 낙심도 되었지만 사랑이 많으신 주님은 아이들을 통해 위로해 주셨다. 남편이 퇴근하기 전에 두 아이와 함께 손을 잡고 기도하며 가정예배를 드릴 때나 동네 아파트를 돌며 주보지로 전도할 때면 남편이 꼭 교회에 나올 것 같은 믿음이 생겼다.

어느 날 밤, 기도하는데 주님의 강한 음성이 들렸다.

"너는 네 남편을 얼마나 사랑하느냐. 나는 그 아들을 위해 내 목숨을 버렸느니라."

나는 너무 큰 충격을 받았다. 나는 내 이기적인 생각이 많았음을 깨닫고 남편에게 미안하고 고마운 마음이 들어서 잠들어 있는 남편을 흔들어 깨우고는 당신에게 너무 미안한 것이 많고 잘못한 것이 많다며 눈물을 흘렸다. 잠자다 깬 남편은 놀라서 "왜 그래? 어서 잠이나 자." 하며 어리둥절해 했다.

그 후, 남편의 영혼을 진심으로 사랑하게 되었고 견딜 수 없이 불쌍하고 측은한 마음이 들었다. 주님이 남편을 사랑하는 것에 비하면 내가 사랑하는 것은 아무것도 아니었다. 남편을 전도하는 것에 내가 할 수 있는 일은 아무것도 없다는 것을 깨닫고 회개하며 겸손해지려고 노력했다. 그리고 나보다 주님께서 그를 더 원하고 계심을 알고 기다리게 되었다.

남편은 예수 믿는 다른 친구와 동료들에게 핍박과 놀림도 서슴지 않았는데 유독 나에게만은 그렇지 않았다. 지금 생각해 보니 주님께서 보내 주신 나의 동역자여서 그랬나 보다. 믿지 않는 시댁과 친정 식구들이 나를 핍박하고 조롱해도 남편은 내 편이 되어 위로해 주었고, 교회 일로 바쁠 때도 잘 이해하며 도와주었다.

손님이 잦은 환경 속에서도 가만히 나를 불러 교회에 가라고 하며 가정 일을 도와주었다. 젊은 아내가 심야기도를 작정하여 밤마다 집을 비워도 흔쾌히 허락해 주기도 했다. 그러니 어찌 주님께서 사랑하시지 않겠는가?

그렇지만 남편은 1년에 몇 번 교회에 가주는 것이 아내에 대한 의무라고 생각하는 것 같았다. 교회가 낯선 남편으로서는 시부모님이 그토록 싫어하시는 교회를 선뜻 나오기가 어려울 수도 있었을 것이다.

토요일 밤과 주일 아침이면 남편의 안색을 살펴가며 조르고 애교도 부려 보았지만 응하지 않았다. 난 허탈감에 사로잡혀 예배를 그르친 적도 많았다. 그러나 가끔 남편이 힘들 때 내가 기도해 준다며 손을 잡으면 모른 체하고 같이 기도하는 것을 보며 결코 소망을 버리지 않았다. 그 모습이 나를 들뜨게 하여 밤잠을 설친 적도 많았다.

그러던 중 남편이 회사의 어려운 문제로 사직서를 내겠다며 내 의견을 물었다. 나는 닥쳐올 현실이 두려웠지만 회사 퇴직 후엔 교회에 나가겠다는 약속을 받고 동의했다. 그렇게 해서 남편이 교회에 등록하던 때의 감격은 이루 말할 수 없었다.

그러나 한 달, 두 달, 교회에만 왔다갔다하는 남편을 보면 또다시 조급해졌다. 나는 주님께 간절히 기도했다.

"주님, 남편이 언제 믿음이 생길까요? 언제쯤이면 그의 입술이 주님을 높이 찬양할까요? 새로운 일을 시작하기 전에 주님을 만날 수 있게 해주세요."

하지만 남편은 항상 제자리에 있는 것 같았고, 기도 응답은 먼 후의 일인 것만 같았다. 그러나 주님은 얼마 후, 내 기도에 응답해 주셨다. 열심히 찬양을 따라 부르기도 하고, 주변에 마음에 맞는 여러 성도님들도 생기자 늘 만나고 싶어했다. 또 억지로 하던 제자 훈련이지만 예습까지 하는 것을 볼 때면 아이들과 나는 서로 얼굴만 바라보며 놀라워할 수밖에 없었다.

현재 남전도회 회계로 봉사하는데, 처음엔 매우 부담을 느끼는 것 같았으나 지금은 즐거운 마음으로 일하고 있다.

이렇게 행복한 지금, 나는 다리를 다쳐서 잘 움직이지 못하고 있다. 가족의 도움 없이는 밥도, 물도 먹지 못한다. 교회에 가기도 어려울 지경이다. 그러나 아무 걱정도 없고 감사한 마음뿐이다. 남편이 먼저 일어나 챙겨 주고 교회에도 데려다주기 때문이다.

다리를 다친 지 한 달이 되었지만, 교회 데려다주는 일에 짜증 한번 내지 않는 것을 보면 얼마나 감사한지……. 불편한 나를 대신하여 집안 일 하느라 애쓰는 남편이 즐거운 마음을 갖도록 하나님께서 역사하고 계시는 것을 알 수 있다.

남편을 위해 항상 울며 기도하던 내게 주님은 눈물 대신 웃음으로 채워 주셨다. 지쳐 있던 나에게 주님은 20년 만에 모처럼 휴가를 주셨다. 남편에게 기도 좀 해달라고 하면 내 다리에 손을 얹고 기도해 준다. 비록 몇 마디밖에 안 되는 기도지만 얼마나 감격스러운지 눈물이 핑 돈다. 남편이 주님께서 원하시는 모습으로 변화되고 있다고 느껴져서 감사가 절로 나온다. 신실하신 주님, 너무 감사합니다.

나는 이 글이 가족의 불신앙으로 낙심하고 있는 성도님들께 조금이라도 힘이 되었으면 한다. 그리고 이렇게 말씀드리고 싶다

"포기하지 마십시오! 끝까지 힘을 내십시오!"

카드 빚에 얽힌 언니를 통한 깨달음

언니는 놀라우리만큼 죄 속에 묻혀 살고 있었다. 카드 빚에 못 이겨 세 번이나
자살을 시도하며 손목을 그었던 자국들을 보면서 난 소름이 끼쳤다. 말로 하지 못할 기가 막힌
일들이 많이 있었으나 그런 가운데서도 언니를 지키시고 인도하신 하나님을 보며…

양미란(전도사)

나는 우리 집의 '가정 선교사' 역할을 한 언니를 통해 처음 교회
에 나가게 되었다.

난 지극히 평범하고 얌전한 아이였지만 나를 따라올 사람이 아
무도 없을 만큼 고집이 세고, 보지 않고는 믿지 않는 성격이어서
어릴 때 하나님을 알지 못했다면 커서도 하나님 알기를 거부했을
것이다. 어려서부터 하나님을 알게 하시고 하나님의 자녀로 살게
하신 것을 감사드린다.

문득문득 지난 과거를 돌이켜 볼 때, 하나님이 우리 가정을 돌
보신 것을 생각하면 감사하지 않을 수 없다. 지금까지 26년을 살
아오면서 하나님이 내 삶 속에서 많은 일들을 하셨지만 그 중 한

가지를 굳이 꼽으라면 '언니의 일'을 말하지 않을 수 없다. 왜냐하면 평생 내 가슴에 묻고 살 아픔이기도 하지만, 하나님께 감사할 일이기도 하기 때문이다.

지금은 언니의 이야기를 내가 간증하지만, 언젠가는 언니가 자신의 이야기를 간증하여 하나님을 자랑할 수 있는 날이 오기를 바란다.

고2, 내게는 그 어느 때보다 어렵고 힘든 시간들이었다.

내게는 두 살 위의 언니가 있는데 고등학교를 졸업하고 사회생활을 시작하면서 돈을 알게 되었다. 언니는 어디 가나 사랑을 받는 명랑한 스타일이었기 때문에 사회에 적응하는 것은 그리 어려운 일이 아니었다. 나는 개인적으로 그런 언니의 모습이 좋았다.

하지만 그것도 그리 오래 가지 않았다. 언니는 돈에 대한 개념이 없는 상태에서 카드를 사용하기 시작했고, 대책 없이 마구 긁어 댄 카드 빚은 결국 엄마에게까지 알려지게 되었다. 처음에는 엄마가 속상해 하면서도 해결해 주셨는데, 그 뒤로 더 많은 액수의 카드를 계속적으로 사용해서 엄마가 곤란을 겪기도 하셨다.

카드 회사로부터 전화가 빗발치고 욕설과 함께 시도 때도 없이 들이닥치는 경찰들, 난 집에 들어가는 것이 두려워서 밖에서만 맴돌았다.

그것으로 종결이 되면 좋았으련만 언니는 마침내 가출을 하고 말았다. 엄마는 언니 일로 신경 쓰시다가 어느 날 계단에서 굴러 떨어지셨다. 바닥에 떨어지면서 머리 부딪치는 소리가 얼마나 크게 들렸던지, 옆집 아주머니가 무언가 깨지는 듯한 큰 소리에 놀라 나와 보니 엄마가 쓰러져 있었다고 한다.

병원에 가보니 뇌출혈이었다. 피가 밖으로 흘러나왔으면 그나마 다행인데 그렇지 않아 당장 수술을 해야 한다고 했다. 그러나 수술해도 장담할 수 없다고 했다. 엄마는 가정의 경제 상황을 고려한 나머지 수술을 받지 않겠다고 하셔서 그냥 중환자실에 입원하게 되었다.

대학 진학을 눈앞에 두고 공부해야 했던 나는 저녁에는 동생이 볼까 봐 속으로 눈물을 흘리며 괴로워하고, 어느새 기도하다 잠들면 아침에 눈이 퉁퉁 부은 채로 학교에 가야 했다. 그리고 집에 돌아오면 엄마가 입원하신 병원에 가야 하는 생활을 반복했다.

시간이 얼마나 흘렀는지 기억나지 않지만, 감사하게도 수술하지 않으면 죽을 수도 있다던 의사의 말과는 달리 엄마는 회복되었고, 지금도 무리하면 머리가 많이 아프다고는 하시지만 건강하게 생활하고 계신다. 그 뒤로도 언니에게 많은 일들이 있었지만 당사자가 아닌 나로서는 그 일을 모두 말할 수가 없다.

지금 언니는 장애인이 되어 살아가고 있다. 처음 언니가 다쳐서 10봉지 정도의 수혈을 받으며 장시간 수술을 하고 전신마비 상태로 침대에 누워 있는 것을 볼 때는 내게 이보다 더 큰 아픔은 없을 것 같았다. 하지만 이것까지도 하나님은 감사로 바꾸어 주셨다.

1998년 1월, 대학 2학년을 마치면서 학교 동아리에서 중국으로 전도여행을 갔다. 전도여행이 끝나갈 무렵, 유난히도 그날은 집격정이 되었다. 묵상을 하는데 언젠가 들었던 말이 생각났다.

"선교사는 가족도 버리고 다른 나라 간다고 비판하는 사람도 있지만 결코 그렇지 않다. 선교사는 가족을 버리고 가는 것이 아니라 가족을 하나님께 맡기고 가는 것이다. 나는 가족 곁에 있어도 가족을 지킬 수 없지만 하나님은 내가 멀리 있어도 가족을 지키신다."

나는 기도했다.

"하나님, 나는 우리 가족을 지킬 수 없으니 하나님께서 지켜 주세요."

전도여행을 마치고 돌아올 때 엄마가 공항에 마중 나와 계셨다. 그런데 나를 보자마자 갈 곳이 있다며 나를 데리고 언니가 입원한 병원으로 가셨다. 언니가 입원했다는 말을 듣는 순간, 난 가슴이 철렁 내려앉았다. 그런데 엄마는 걱정하시는 것이 아닌, 오히려 안도하는 모습을 보이셨다.

병원에서도 99% 죽는다고 했던 언니는 다행히 전신마비에서 하반신 마비로 옮겨갔다. 그런데 하반신을 못 쓰기 때문에 항상 앉아서 생활해야 하므로 엉덩이가 곪아서 고생이 많았다. 병원에 가서 진단한 결과, 곪은 자리 옆에 이전부터 단단하게 자리잡고 있던 것이 있었는데 그것이 더 큰 일이라며 조금만 더 늦었으면 대책이 없었을 거라고 말했다. 엄마는 "하나님이 그것을 발견하게 하시려고 곪게 하셨나 보다." 하며 감사하셨다.

전도여행으로 내가 없는 사이, 하나님이 우리 가정에 행하신 일을 보며 또 한 가지 놀란 것이 있다. 예전에 다녔던 교회 목사님이 예언, 방언, 통역의 은사를 받은 분이었는데 그 목사님 동생이 우연히 언니 생각이 나더라는 것이다. 목사님 동생은 거동이 불편한 언니를 데리고가 기도를 받게 했는데 하나님께서 목사님을 통해 말씀하시기를 "딸아, 내가 너를 사랑한다. 내가 너를 너무 사랑하여 너를 치지 않으면 내 안에 둘 수 없기에 너에게 아픔을 주었단다." 하고 말씀하셨다는 것이다.

나중에 언니에게 들은 이야기지만 언니는 놀라우리만큼 죄 속에 묻혀 살고 있었다. 카드 빚에 못 이겨 세 번이나 자살을 시도하며 손목을 그었던 자국들을 보면서 난 소름이 끼쳤다. 말로 하지 못할 기가 막힌 일들이 많이 있었으나 그런 가운데서도 언니를 지키시고 인도하신 하나님을 보며 언니의 육신의 장애는 더 이상 아픔이 아니고 감사일 수밖에 없다는 생각이 들었다.

언니를 통해 하나님은 내게 병든 영혼들을 불쌍히 여기고 아파하는 마음을 갖게 하셨다.

'언니의 아픔을 볼 때 내 마음도 이렇게 괴롭고 찢어지게 아픈데 죽어 있는 영혼들, 죄악 속에서 살아가는 영혼들을 바라보시는 하나님의 마음은 얼마나 아프실까?'

언니를 위해 기도할 때면 그런 생각이 든다. 하나님은 언니를 통해 내게 하나님의 마음을 알게 하셨다. 그리고 우리 가족을 위해 기도하도록 늘 일깨워 주신다. 내 삶 속에서 하나님이 살아 역사하시고 나를 사랑하신다는 사실도 늘 알려 주신다.

돌아보면 그 어느 한 순간도 내 삶에 하나님이 안 계신 적은 없었다. 내가 바라는 것은 하나님의 마음을 기쁘게 해드리는 자녀의 삶을 사는 것이다. 일평생 투자해도 결코 후회하지 않을 삶이 무엇일까? 정말 오랜 시간 동안 고민했다. 그리고 이렇게 기도했다.

"하나님! 아무리 생각해 봐도 이것이 결코 후회하지 않을 유일한 삶인 것 같습니다. 하나님의 오랜 소원을 제 마음에 담았으니 이제 하나님의 소원을 풀어 드리는 올바른 자녀의 삶을 살도록 도와주세요."

확실히 네가 나를 믿느냐?

"하나님, 우리 가정이 꼭 선교 후원을 하겠습니다.
제가 하나님께 거짓말하지 않는 것 아시지요? 담보금 2,210만 원을 주시면
제 돈이 아니라고 생각하고 꼭 선교 후원을 하겠습니다."

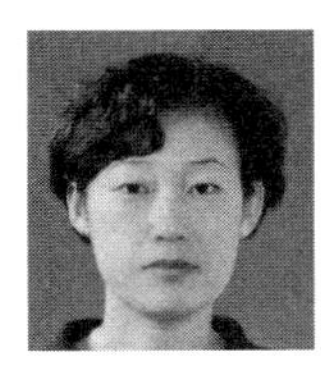

오성임(집사)

나는 고1 때부터 친구 어머니의 전도로 교회에 나가기 시작했
다. 열심히 신앙생활을 하던 나는 교회 나가 예배드리는 것이 그
렇게 좋을 수가 없었다. 주일에는 유치부 교사, 성가대원으로 봉사
하다가 밤 10시가 되어서야 집으로 돌아오기도 했다. 부모님은 그
런 나를 매우 못마땅하게 여기시며 교회 나가는 것을 반대하셨다.

꾸준히 신앙생활 하는 가운데 결혼을 했는데 다행히 믿는 남편
을 만나 교회 가는 것으로 핍박받는 일이 없어서 좋았다. 그런데
시어머님의 핍박이 심했다.

함께 모시고 살지는 않았지만 가끔 전화로 "남자는 여자 하기
나름인데 네가 앞장서서 교회 나가면 어떡하느냐?" 하시면서 은근

히 절에 함께 가기를 원하셨다. 한번은 이렇게 말씀하셨다.

"너희가 믿는 하나님은 어떤 하나님이기에 마흔이 다 되도록 집도 한 칸 없이 지하 방에 살게 하느냐?"

얼마 전까지만 해도 우리는 여름에 홍수가 나면 집 안에 물이 들어오는 지하에서 살았다. 나는 그 말을 듣는 순간 '하나님을 믿는 사람은 정말 잘 살아야겠구나.' 하는 생각이 들었다.

하나님께서는 우리 가정에 여러 가지 고난을 겪게 하셨다. 어느 날 갑자기 날벼락이 떨어졌다. 집 주인이 보증을 잘못 서서 전세금이 모두 날아갈 판이었다. 나는 그때 처음으로 하나님께 원망 비슷한 질문을 했다.

"하나님, 저희가 무엇을 잘못했기에 전 재산이 날아가게 되었나요?"

그런데 하나님께서는 깨달음을 주셨다. '주신 이도 주님이시요, 취하시는 이도 주님이시다.' 욥기서의 말씀이 떠오르면서 마음속에 평안이 찾아왔다.

1년 정도 걸려서 전셋집은 주인이 다른 사람 명의로 다시 매입하여 우리에게 아무런 손해 없이 원상 복구되었다. 그러나 그 후 몇 년 사이에 크고 작은 일들이 많았다. 그 중 가장 최근에 겪었던 일이다.

우리는 컴퓨터 공 CD를 대만에서 수입하여 판매하고 있는데 대만산 저가 CD를 많이 수입해서 들여오니 대기업에서 반덤핑 관세를 52% 붙이는 소송을 제기하여 대만에서 들여오는 CD는 모두 관세를 52% 내야 했다. 그래서 CD를 대만에서는 가져올 수가 없고 중국에서 가져오게 되었는데 우리가 들여오는 제품도 관세를 내지 않으려면 명확하게 중국산이라는 대사관의 공증이 있어야 된다는 것이었다. 그래서 담보금으로 2,210만 원을 세관에 먼저 내고 제품은 급해서 먼저 빼냈다.

그런데 쉽게 될 것 같았던 중국 대사관 공증이 한 달이 다 되었는데도 잘 되지 않았다. 될 듯 될 듯하면서도 되지 않았다. 공증을 받아서 서류 제출하는 날이 바로 코앞에 닥쳤는데도 대사관 공증이 안 되었다. 제품은 이미 출고한 상태라 막막했다. 집을 장만한 후에 남은 2천여만 원은 우리의 전 재산이었다.

나는 주님께 기도했다.

"주님, 100만 원도 아니고 200만 원도 아닌 2,210만 원이라는 큰 돈이 묶여 있습니다. 왜 이런 일이 일어난 거죠? 주님이 제게 맡겨 놓으신 돈이 아닙니까? 그런데 왜 그 돈이 묶여 있어야 합니까?"

나는 내게 있는 돈은 주님께서 내게 관리하라고 맡겨 놓으신 것이라고 생각했다. 왜냐하면 주님은 주시려면 얼마든지 많은 것을 주실 수 있는 분이시고, 가져가시려면 한번에 다 사라지게 하신다는 것을 체험했기 때문이다.

그런데 그 즈음 하나님은 내게 네팔로 선교 나가실 전도사님을 자꾸 만나게 하셨다. 화장실 입구에서도 만나고, 교회 입구에서도 만나고, 예배 시간에 찬양할 때도 그 전도사님만 눈에 띄면 어떤 감동이 왔다. 문득 목사님께서 하신 말씀이 생각났다.

"꼭 한 가정이 아니더라도 여러 가정이 서로 힘을 모아 한 선교사님을 도울 수 있습니다."

1후원 가정은 100만 원, 2후원 가정은 50만 원, 3후원 가정은 30만 원을 선교 후원할 수 있다고 하셨다. 목사님 말씀을 들을 때 우리 가정에서도 후원하면 좋겠다는 생각을 했다. 그러면서도 선뜻 나서지 못했지만 늘 선교 후원에 대한 생각이 마음에 자리잡고 있었다. 그러는 동안 담보금 연기 신청은 3차 연기를 하여 3개월이 지났다.

나는 만기일을 2주 정도 남겨 놓고 있는 금요 심야기도회 시간에 사모님께 우리 가정이 선교 후원을 하고 싶다고 말씀드렸다. 사모님은 성경을 펴서 로마서 8장 26절 말씀을 보여 주셨다.

"이와 같이 성령도 우리 연약함을 도우시나니 우리가 마땅히 빌 바를 알지 못하나 오직 성령이 말할 수 없는 탄식으로 우리를 위하여 친히 간구하시느니라."

사모님은 덧붙여 말씀하셨다.

"하나님께서 집사님을 사랑하세요. 아무에게나 그런 마음을 주시지는 않아요."

나는 남편과 선교 후원에 대해 의논을 했다. 연기 신청한 날짜가 바로 코앞에 다가왔다. 나는 하나님께 기도드렸다.

"하나님, 우리 가정이 꼭 선교 후원을 하겠습니다. 제가 하나님께 거짓말하지 않는 것 아시지요? 담보금 2,210만 원을 주시면 제 돈이 아니라고 생각하고 꼭 선교 후원을 하겠습니다."

그렇게 기도할 때 하나님께서 이렇게 말씀하시는 것 같았다.

"네가 선교 후원을 약정하면 내가 담보금을 줄 텐데 왜 나를 못 믿느냐? 확실히 네가 나를 믿느냐?"

나는 대답했다.

"예, 확실히 믿습니다."

나는 남편과 함께 목사님을 찾아가 선교 후원을 약정했다. 그런데 놀랍게도 약정한 바로 그 다음날, 중국 대사관에서 공증 서류가 팩스로 날아왔다. 주님은 내게 있는 돈보다는 나의 중심을 보셨던 것이다.

모든 문제가 잘 해결되어 현재는 가리봉동에 사무실을 겸한 공간을 임대하여 '메가 데이터 코리아(Mega Data Korea)'라는 상호로 사업을 하고 있다. 앞으로도 사업을 통해 더욱 선교에 동참하고 싶다.

시어머님은 아직도 교회에 나오지 않고 계시다. 하지만 머지않아 주님께서 꼭 구원해 주시리라 믿고, 나와 남편은 어머님을 위해 기도드리고 있다.

하나님의 능력을 경험한 두 가지 사건

이게 웬일인가. 마구 찍다시피 했던 답이 모두 다 맞은 것이었다. 하도 믿어지지 않아 다시 확인해도 답이 모두 기억나면서 분명히 다 맞았다. 50문항 중 5개를 틀렸는데 모두 다 졸기 이전에 푼 문제에서 틀린 것을 알 수 있었다.

오승희(집사)

나의 신앙생활은 30년 전인 6세 때부터 시작되었다고 할 수 있다. 나는 교회에서 운영하는 유치원을 다녔기 때문에 부모님이 믿음이 없으셨음에도 불구하고 자연스럽게 기도하고, 찬송가를 부르고 주일엔 당연히 주일학교에 가야 되는 줄 알고 있었다.

그 후 아버지께서도 교회에 나가시게 되었고 열심히 봉사활동에도 힘쓰셨다.

내가 6학년 때 서울로 전학을 오게 되었는데 아버지는 교회 정문 앞 골목에 있는 방을 얻어 주셨다. 주일에 늦잠 자지 말고 교회에 나가라는 엄명과 함께…… 지금 생각해 보니 객지에 있는 딸을 부탁하실 분은 하나님뿐이어서 그렇게 하신 것 같다.

그렇다고 열심히 신앙생활을 한 것도 아니고 그저 주일예배를 드리는 정도의 삶을 살았다. 그러던 내게 하나님의 능력을 경험하는 두 가지 커다란 사건이 생겼다.

첫번째는 고3 때 시험 시간에 있었던 일이다. 오전 시험을 마친 후 점심을 먹고 영어시험을 볼 시간이었다. 50문제에 50분이었는데 어찌된 일인지 내가 졸았던 모양이다. 뭔지 모를 소리에 놀라 화들짝 눈을 떠보니 종료시간 10분이 남았는데, 맙소사! 신문지만 한 시험지가 앞장, 뒷장이 하얗게 비어 있었다. 다 아시다시피 10분이란 시간은 마지막 답안지 옮기고 정리하는데도 모자라는 시간이다.

"오 하나님! 제발 살려 주세요, 이 위기만 넘기게 해주시면 뭐든지 시키는 대로 하겠습니다."

입으로는 중얼중얼 기도하면서 찍는 식으로 수성 싸인펜에서 바람 소리가 나도록 재빨리 답안지에 까맣게 칠하고 펜을 놓으니 종료를 알리는 벨이 울렸다. 그 다음 시험을 어떻게 쳤는지 모를 정도로 정신이 하나도 없는 가운데 모든 시험이 끝났다. 3년간 잠도 제대로 못 자면서 열심히 공부했는데 허탈했다.

어깨가 축 늘어져 있는 것을 보시고 아버지는 "괜찮다. 최선을 다했으면 됐지." 하며 위로해 주셨지만 나에겐 그 어떤 소리도 귀에 들어오지 않았다.

다음날 학교에 가서 어제 본 시험 답을 맞춰 보고 있는데 드디어 영어 문제 차례가 왔다. 그런데 이게 웬일인가. 마구 찍다시피 했던 답이 모두 다 맞은 것이었다. 하도 믿어지지 않아 다시 확인해도 답이 모두 기억나면서 분명히 다 맞았다. 50문항 중 5개를 틀렸는데 모두 다 줄기 이전에 푼 문제에서 틀린 것을 알 수 있었다.

"하나님, 감사합니다. 정말 고맙습니다."

나도 모르게 줄곧 입에서 그런 말이 나왔다.

하나님의 도우심이 아니면 도저히 있을 수 없는 결과였다. 그제야 난 알게 되었고 굳게 믿을 수 있었다. 바로 하나님이 나와 함께해주셨다는 사실을⋯⋯.

난 집으로 달려가 맨 먼저 아버지께 자초지종을 말씀드렸다. 다른 사람한테는 얘기해도 믿어줄 것 같지 않았기 때문이다. 아버지는 내 말을 다 들으시더니 "맞다. 하나님이 바로 너와 함께하셨다. 기쁘구나. 이제 알았지? 하나님은 그렇게까지 너를 아끼시고 사랑하신단다." 그렇게 말씀해 주시는 아버지 안에 자리하신 하나님이 먼 곳이 아닌 내 안에도 계시다는 확신이 들었다.

두번째 사건은 대학 3학년 때 있었던 일이다. 새 학년이 되어 학사 준비를 하고 있는 중에 급우들이 나를 과대표로 추천했다. 그런데 정작 나 자신은 원하지 않았었다. 왜냐하면 나는 성경공부하는 서클에 가입해 있었고 소그룹 모임과 일대일 공부, 전도, 기도 모임 등으로 학교 공부를 따라가기도 벅찬 상황이었다.

성경공부 모임에서 선배 언니도 행사에 많이 참석해야 하니 과대표를 하지 말라고 했다. 하지만 친구들이 이미 교수님께 명단을 제출한 후여서 나는 어쩌지 못하고 있다가 용기를 내어 지도 교수님을 찾아갔다.

노크를 하고 조심스럽게 문을 열자 교수님께서는 그렇지 않아도 부르려고 했는데 잘 왔다고 하셨다. 무슨 영문인지 몰라서 잠자코 있자 교수님께서는 "미안하게 됐네. 학우들이 자네를 추천해서 과대표로 임명하려 했는데 이번에 학칙이 바뀌었다네. 과대표 자격 조건에 성적이 모두 C 이상이어야 한다는 조항이 이번 학기부터 신설되었거든. 그런데 자네 성적 중에 한 과목이 D가 있더군. 그래서 과대표를 할 수 없다네. 미안하네. 그래도 장학금은 지급 받을 수 있도록 추천해 주겠네." 하고 말씀하셨다. '할렐루야!' 나는 속으로 쾌재를 불렀다.

1학년 때 교양과목 중 체육이 있었는데 수영을 못해서 D학점을 받았었다. 미운 오리 새끼 같은 과목이 내게 고민을 해결해 주는 일등공신이 되었다니……. 아니, 그 일은 결코 우연이 아니었다. 분명 나를 도와주시는 하나님의 존재를 느낄 수 있었다.

주님은 나의 약한 점뿐만 아니라 학교 전체를 움직여 학칙까지 변경해 가면서까지 나의 처지를 돌아보셨던 것이다. 그 전까지는 없던 학칙이 공교롭게도 그 학기에 신설되었다는 것은 하나님의 역사라고밖에는 달리 설명할 수 없었다.

교수님 방을 나오는 나의 발걸음은 포근한 구름 위를 걷는 듯 가벼웠고, 그 길로 성경공부 서클룸에 가서 자매들에게 간증했다. 모두 오묘하신 하나님의 간섭하심에 다시 한 번 감사와 찬양을 드렸다. 믿지 않는 사람들에게는 듣기에 거북할지 몰라도 내게는 크신 하나님의 능력을 경험하는 사건이었다.

학교를 졸업하고 직장생활을 하는 가운데서도 순간순간 함께하시는 하나님을 만날 수 있었고, 가정에서 큰 시련이 있었을 때도 하나님의 든든한 팔이 나를 잡아 주시는 것을 수없이 느꼈다. 너무 힘들고 어찌할 바를 모를 때나 절박한 상황에 처해 있을 때에도 어딘지 모르게 꿋꿋한 힘이 받쳐 준다고 느껴질 때가 많았는데, 그것은 바로 하나님의 굳센 팔이었다. 아버지, 어머니의 끊임없는 기도와 목사님, 사모님의 관심어린 기도, 믿음의 동역자들의 중보 기도가 버팀목이 된다는 것을 알 수 있었다.

나는 정말 사랑의 빚을 많이 졌다. 죽을 수밖에 없는 죄인의 굴레를 벗겨 주시고 대신 죽어 주신 예수님, 먹여 주시고 길러 주신 부모님, 함께 즐거워하고 함께 슬퍼해 주는 교회 식구들, 이 모든 분들께 진 사랑의 빚이 많다. 그래서 나도 늘 기도의 끈을 놓지 않고 있다.

비록 몸은 떨어져 있지만 각자 있는 곳에서 승리할 수 있도록 한 사람, 한 사람 이름을 불러 본다. 지금 이 시간에도 어느 성도님의 간절한 기도 속에 분명 나도 포함되어 있는 줄 믿는다.

아름답게 삶을 마감하신 나의 어머니

목발을 짚지 않고는 일어나지 못했던 어머니가 방에서 목발 없이 걸어 나오시는 것이
아닌가! 침대에서 눕고 일어나기조차 어려우셨는데 비록 5미터 정도의 거리였지만 거의
10년 만에 목발 없이 걸으신 것이다. 참으로 놀라운 일이었다.

육종탁(집사)

격동기를 살다 가신 나의 어머니의 삶은 3단계로 나눌 수 있다.

1단계는 6·25 때까지, 2단계는 아버지가 돌아가실 때까지, 3단계는 당신이 하나님의 부르심을 받으실 때까지이다.

앞의 두 과정은 처절한 고난의 세월이고, 마지막은 하나님의 은혜 안에서 주님의 음성을 듣는 영적인 체험과 10년 만에 꿈에도 그리던 목발 없이 걷는 소원을 이루시는 약 4년 동안의 기간이었다. 그리고 돌아가시는 마지막 날까지 예배드릴 수 있는 성도의 온전함에 이르는 은혜를 입었다. 이런 삶을 나는 복된 삶이라고 말하고 싶다.

6·25 전쟁은 어머니의 삶을 황폐화시켰다. 당시 육군 장교였던

분과 결혼하셨는데 북진 때 선발대로 들어오셨다가 그만 어머니 앞에서 총살당하셨다고 한다. 그때 어머니께서 받은 충격은 평생 마음속에 아픔으로 자리잡게 되었다.

그 후 상처하신 아버지와 재혼하셨고 어머니를 잃은 형님 남매는 우리 어머니를 만나 비로소 안정을 찾기 시작했다. 그 후 형님은 세탁소를 하면서 가족의 생계를 위해 수고하셨다. 그런데 형님이 아이가 없어서 우리 아들 두호를 두 살 때 형님 내외분이 양육하도록 했다.

오랜 세월 동안 형님 내외는 아이를 못 낳는 눈총을 견디며 묵묵히 사셨는데, 아이를 갖지 못하는 비밀은 수술 받기 위해 입원하신 형수님이 검사하는 과정에서 밝혀졌다. 간단한 치료를 받으면 아이를 낳을 수 있었는데도 형님께서는 "우리가 아이를 낳으면 우리 형편에 어린 동생들은 어떻게 되겠느냐." 하시며 아이 낳기를 포기하여 치료를 하지 않았다고 한다.

이렇게 어머니의 사랑과 보이지 않는 아버지의 희생, 형님의 형제애가 우리 가족을 하나로 묶는 끈이 되었다.

세월이 지나 연세가 드신 어머니께서는 1989년 담석 수술을 하셨고, 그 후 관절이 좋지 않아 돌아가실 때까지 네 번의 수술과 두 번의 입원 치료를 받으셨다. 매달 대학병원에 가서 검진과 약을 복용해야 하는 12년의 긴 투병생활이었다.

초기에는 병원 진료를 거부하시그 흔히 나이 드신 분들이 그러하듯 주위에서 권유하는 대로 민간요법을 이것저것 하셨다. 그런 치료 과정으로 인해 병세가 더욱 악화되어 2년 동안 대소변을 받아내야 하는 상황에 이르렀다. 힘겹게 살아오시면서도 변치 않던 강한 성품이셨는데, 마디마디 관절의 통증으로 목숨마저 끊고 싶다는 말을 들은 우리는 어머니를 설득하여 대학병원에 가서 치료를 받으시도록 했다.

1997년 10월, 아버지께서 돌아가시고 그 이듬해 봄, 마당에 만개한 석자 폭 영산홍이 붉게 타는 것을 보시면서 어머니는 눈시울을 적시셨다. 꽃을 좋아하시던 아버지가 "이 꽃을 내가 다시 볼 수 있을까?" 하시던 말씀이 생각나서였나 보다. 꽃을 유난히 사랑하신 아버지께서는 장미, 튤립, 백합, 국화를 사랑의 꽃으로 선물하셨고 그 추억은 어머니를 눈물짓게 했다.

몇 달 동안 아버지에 대한 그리움에 좀처럼 안정을 찾지 못하시던 어머니께 나는 성경을 읽으며 기도하시기를 권했다. 어머니께서는 하나님이 계시다면 한 번만이라도 보기를 원한다고 하셨다. 볼 수 없다면 음성이라도 듣기를 갈망했다.

하나님의 형상을 본다는 것과 음성을 듣는다는 것은 조심스러운 것이지만 나는 "우리를 살리신 하나님께서는 반드시 계시며 간절히 사모하는 마음으로 찾는 자에게 만나 주시며 부르짖는 자에게 응답하여 주십니다."라며 만나기 원하는 마음으로 기도 드리라고 말씀드렸다. 그러자 외롭고 힘든 마음이 하나님께 차츰 다가가기 시작했다. 그리고 밤낮없이 줄곧 성경 읽는 생활을 하시게 되었다.

하나님의 말씀은 이슬처럼 어머니를 적시는 은혜로 임했다. 이 무렵부터 봄날에 새순이 움트듯 어머니의 삶은 긴 어둠의 터널에서 벗어나 대낮같이 밝은 빛을 사모하는 삶으로 바뀌어 갔다.

하나님을 만나고 싶은 소망을 품고 그렇게 지내던 늦은 봄, 주일에 교회에서 보통 15분 거리를 40~50분 정도 목발을 짚고 걸어오신 것이 피곤하셨는지 깜박 잠이 드셨는데 누군가가 "봉선아! 봉선아! 봉선아!" 하고 세 번 어머니의 이름을 부르셨다고 한다. 얼굴도 보이지 않는데 그분은 어머니를 잘 아시는 듯이 친근하게 부르셨고, 꿈이 아니라 실제 부르는 것처럼 들렸다고 한다. 나는 떨리는 목소리로 그것이 그렇게 갈망하던 하나님의 음성이라고 말씀 드렸다.

그날 이후 어머니의 한숨은 멈추었고 절망의 눈에는 소망이 담겼으며 좌절의 말 대신 감사와 축복의 말이 흘러났다. 그토록 아픔으로 몸부림치던 날들이 이제는 기쁨이 넘치는 은혜의 날로 바뀌었다.

그해 1998년 봄부터 백내장으로 글씨를 볼 수 없게 된 2002년 봄까지 4년 동안 성경을 10여 번 정도 읽으셨다. 특히 요한복음에서 많은 은혜를 받으셨다고 한다. 읽고 나면 금세 잊어도 하나님의 말씀은 마음에 생명의 양식으로 채워진다는 어머니의 말씀이 지금도 생생하다.

어머니는 혈기 넘치는 내가 감히 따라가지 못할 강한 믿음의 소유자로 바뀌셨다. 주일이면 목발을 짚고 교회에 나가시고 구역예배, 여전도회 활동, 수요 전도사역 모임에 열심히 참석하셨다. 토요일 오후가 되면 주일을 조용히 준비하셨으며 주일에 하나님의 말씀으로 감동된 어머니의 얼굴은 햇빛보다 밝은 형상으로 채워지셨다.

"하나님을 믿으면 이렇게 좋은데……" 하시며 믿지 않는 형님, 형수님을 생각하고 안타까워하시며 뚜벅뚜벅 걸으시던 모습이 생각난다. 어머니는 어느새 주님이 기뻐하시는 성도의 온전한 모습을 이루고 계셨다.

어느 이웃초청주일 행사 기간 때에는 전도지를 담은 가방을 등에 메고 힘겨운 목발 걸음으로 골목과 시장 근처, 공원 등으로 나가 전도를 하셨다. 사람들은 저런 몸으로 무슨 교회를 다니라고 하느냐는 말도 했지만 조금도 흔들림이 없으셨다. 하나님의 음성을 들었기에, 그분의 살아 계심과 기도 응답을 경험하셨기에 전도하지 않을 수 없으셨던 것이다.

몸을 움직이기 어려워 봉사와 선교를 몸소 행하지 못하신 어머니는 며느리가 대신 하는 것을 보시고 당신이 하시는 것처럼 기뻐하셨다. 그래서 우리 부부의 만류에도 불구하고 가벼운 설거지, 방청소 등 집안 일을 하시며 며느리를 도와주셨다.

많은 기도 제목을 가지고 기도하시는 어머니께서는 당신의 육신을 치료받기 위한 기도도 쉬지 않으셨다. 계단 오르기도 어렵고 의자에 한 시간 앉아 있기도 어려웠던 어머니는 온전한 육신으로 한 번만이라도 목발 없이 교회에 예배드리러 가는 것이 소원이셨다. 그리고 수요예배, 금요 심야기도회, 부흥회를 비롯한 모든 예배를 사모하셨다.

그런 어머니에게도 시험은 찾아왔다. 굳어져 가는 관절로 인해 혼자 눕고 일어날 수 없어서 장롱에 줄을 매어 붙잡고 일어나려 했지만 원하는 대로 몸을 움직일 수 없었다. 낮에는 가족들의 도움으로 대소변 문제를 해결할 수 있었지만 가족이 잠든 밤에는 어려움이 많았다. 결국 방에서 대소변을 볼 수 있는 변기를 구입해서 사용하는 상태에까지 이르렀다.

어머니는 고통으로 잠을 못 이룰 때면 홀로 긴 밤을 새우며 흐느껴 애원하는 기도를 하셨다. 우리 부부도 화장실만이라도 당신 혼자 가실 수 있게 해달라고 간절히 기도를 드렸다. 그런 힘든 시간들 속에서도 어머니는 성경 읽는 것과 기도하는 것을 쉬지 않으셨다. 그리고 언제나 내가 퇴근해서 돌아오면 목발 짚은 모습으로 반겨 주셨다.

어느 날, 퇴근해서 집에 들어오는데 목발을 짚지 않고는 일어나지 못했던 어머니가 방에서 목발 없이 걸어 나오시는 것이 아닌가! 침대에서 눕고 일어나기조차 어려우셨는데 비록 5미터 정도의 거리였지만 거의 10년 만에 목발 없이 걸으신 것이다. 참으로 놀라운 일이었다. 하나님께서는 어머니의 간절한 기도를 들으신 것이다. 어머니는 이제 교회에 목발 없이 걸어갈 수 있다는 기쁨으로 감격스러워 하셨다.

세상을 뜨실 무렵, 체력이 쇠진하여 물조차 넘기기 어려울 때, 미음을 드시기 위해 단정한 자세로 앉은 모습은 육신의 장막을 벗기 위한 환자의 초췌한 모습이 아닌, 온전함에 이른 성도의 빛난 얼굴로 보였다. 아이 같은 맑은 눈에 두 손을 모으고 주신 음식에 감사 기도를 드리시던 모습……

2003년 첫 주일, 갑자기 위독하신 상태가 되었다. 온전한 상태에서 드리는 마지막 예배가 될지도 모른다는 생각에 두 분 목사님과 남전도회원, 그리고 가족들이 모인 가운데 예배를 드렸다.

임종 며칠 전, 팔조차 들 힘이 없어서 떨리는 손가락으로 아내의 손바닥에 '고' 자를 어렵게 쓰셨다. 아내는 어머니의 마음을 알아채고는 어머니의 두 손을 포개어 잡고 울먹이면서 "제게 고맙다는 말씀을 하려고 하시는 것이죠? 오히려 제가 어머니 사랑 받아서 감사합니다."는 말을 하고 울음을 터뜨렸다. 어머니께서도 끝내 눈물을 보이지 않으려고 눈을 감으셨지만 양쪽 뺨 위로 눈물이 흘러내렸다. 자식들마다 손바닥에 남기신 말씀을 가슴에 담고 어머니를 휠체어에 모시고 병원교회로 가서 함께 손잡고 육신의 이별을 감지하면서 평안과 기쁨 가운데 하나님 품에 이르게 해주시기를 간절히 기도했다.

구정 3일 전, 병원교회에서 수요예배를 드리고 병실로 돌아와 저녁 문안을 드렸다. 우리 부부의 손을 꼭 잡으신 어머니를 위해 참 평안을 간구하는 기도를 드린 우리는 내일 아침 다시 뵐 것을 약속하고 돌아왔다. 그것을 마지막으로, 뇌를 다치셔서 뇌졸중으로 입원하신 지 80일째 되는 날, 가족들이 찬양 드리는 가운데 보내 드리고 싶었는데 겨울 아침 안개처럼 어머니는 홀로 하나님의 부르심을 받으셨다.

하나님을 믿기 전 너무나 힘든 삶이었지만 누구보다도 복된, 아름다운 성도의 모습으로 돌아가신 어머니, 모든 소망을 주님께 두고 말씀을 가까이 하는 가운데 하나님의 음성을 듣는 영적인 체험을 하셨으며 믿음으로 10년 만에 그리도 원하시던 목발 없이 걸으시는 소망을 이루신 어머니……

그 후 나는 하나님께서 어머니에게 목발 없이 걷게 하신 이유가 무엇일까 생각해 보았다. 결국 믿음의 기도는 응답되어진다는 것을 우리에게 보여 주시기 위한 것이 아닌가.

하나님께서는 진정 나의 기도를 응답하여 주셨다. 마지막 날까지 성도의 모습을 간직하고 온전한 마음으로 하나님께 예배드리고 돌아가시어 영광 중에 하나님 품에 이르도록 간구했던 기도를 들어주신 것이다.

나는 10여 년의 긴 세월 동안 가족들의 투병을 지켜 보면서 젊은 날을 보냈다. 그래도 그것이 무슨 뜻인지 알지 못하고 살아왔다. 1996년 네 번의 수술 후 장 유착 단계라 수술을 할 수 없는 아내가 절망적인 상태에서 치료되는 것을 보며 수정교회에 등록하고 나서야 하나님께서 당신의 때가 임박했으므로 우리를 얼마나 급히 부르셨는지를 알 수 있었다.

다음해에 아버지께서 하나님을 영접하고 돌아가셨지만 난 사채를 핑계대느라, 그 후엔 어머니를 핑계대느라 불순종의 길을 걸어왔다. 그러나 이제 핑계를 대기엔 어머니의 믿음이 나에게 너무 많은 것을 깨닫게 하셨다.

오랫동안 나를 부르신 하나님의 부르심의 소망이 무엇인지 알게 하신 하나님, 이 작은 자를 어디에 쓰시려고 이토록 가시 같은 뾰족한 마음을 둥글게 만드시는지……. 나를 향하신 하나님의 뜻에 이제는 순종하며 살고 싶다.

하나님께서 나에게 주신 사랑과 은사는 지쳐 절망에 처한 나에게 소생하는 힘, 곧 소망의 힘이었다. 이제야 지난날에 겪은 많은 체험을 통해 하나님이 나와 항상 함께 계심을 믿게 되었다.

어머니께 많은 사랑을 베풀어 주신 목사님과 전도사님, 그리고 장로님, 교구장님, 구역장님들과 모든 성도님들께 감사드린다.

특히 연로하신 몸으로 가정과 병원으로 심방해 주신 1여전도 회원님들의 정성에 깊이 머리 숙여 감사드린다.

유방암이 낫고 건강해지면 전도에 힘쓸게요

때로는 20층에 사시는 목사님께 예배드려 달라고 청하기도 하고, 나중엔 병원에 가서 더 이상 항암제를 맞지 않겠다고 의사 선생님께 말씀드리기도 했다. '이젠 됐어! 병원은 안 갈 거야! 약도 안 먹을 거야! 재발해서 죽게 되면 죽는 거지…….'

이국화(집사)

나는 1954년 1월 경북 군위에서 태어났다. 아버지는 동생을 낳은 해에 돌아가시고 어머니 혼자 우리를 키우셨다. 여자 홀몸으로 두 아이를 키운다는 것이 결코 쉬운 일이 아니었는지, 어머니는 5세인 나와 남동생을 고아원으로 데리고 가셨다.

어머니는 두 아이를 공부시켜 주겠다는 약속에 중노동임에도 불구하고 고아원 일을 무보수로 하셨다. 나는 고아 아닌 고아가 되어 생활하게 되었다. 그 고아원은 원장님이 독실한 기독교 신자여서 나는 고아원에 들어간 다음 주부터 교회에 나가게 되었고 예수님과의 첫 만남은 그렇게 시작되었다.

교회에 안 나가면 야단맞는 분위기였는데, 그것이 하나님께서 예비해 놓으신 길이었다는 것은 먼 훗날 신앙의 철이 들고 난 후에 알게 되었다. 결국은 고아원에서 하나님을 알게 해주었으니 얼마나 감사한 일인가.

'울 엄만 둘! 울 아부진 셋!'

어느 시의 한 구절처럼 그것은 바로 나의 애기였다.

주위 사람들의 눈총과 이런저런 상처 때문에 비뚤어지게 자랄 수도 있었지만 어린 나의 눈에도 불쌍하기만 한 울 엄마(현재 임원기 권사) 때문에 난 도저히 나쁜 사람이 될 수 없었다.

중·고등학교 시절, 사춘기로 접어들어 정신적으로 민감해졌다. 사회의 차가운 눈초리와 현실의 어려운 생활로 평탄치 않은 시기였다. 그러나 나는 주님께 기도하며 어려움을 극복해 나갔다.

고등학교 졸업 후 대학입학 예비고사에 합격하고도 대학 진학은 꿈도 못 꾼 채 1974년 9월, 서울에서 공장에 다니는 친구의 도움으로 간신히 취직을 하여 서울 대림동에 첫발을 내딛게 되었다. 대림동! 이곳이 내 인생의 중요한 장소가 될 줄은 꿈에도 생각지 못했다.

친구와 같이 방을 얻어 자취를 했는데 생활하기가 너무 힘들고 고달플수록 나는 "내가 너와 함께 있어 네가 어디로 가든지 너를 지키며(창 28:15)." 이 말씀을 꼭 붙들었다.

1976년 4월, 남동생이 인천에 있는 전문학교에 입학하게 되자 엄마도 고아원 생활을 청산하여 난 어머니와 함께 살게 되었다.

난 힘든 생활 속에서도 하나님만을 바라보았다. 내가 그나마 고등학교를 졸업한 것은 주님의 크신 은혜였다.

서울에 와서 교회를 정하기 위해 어릴 적부터 다니던 교회가 성결교회인지라 성결교회를 찾았다. 마침 서영숙 성도(현재 권사)를 만나게 되어 당시 개척교회인 대림성결교회를 찾아가게 되었다. 그것이 현재의 조일래 목사님을 만나는, 인생의 새로운 전기가 되는 큰 사건이 되었다.

1977년 1월, 개척교회로 출발한 수정교회는 교회도, 교인들도 모두 가난했지만 마음만은 부자였다. 주일이면 이웃집을 돌아다니며 아이들을 데려오고 처음 온 아이들이 있으면 손을 잡고 심방을 다니고 율동도 가르쳐 주며 즐겁게 지냈다.

한편 교사로서 부족함을 느껴 교사 강습회가 열리면 신촌교회든 남대문교회든 동대문교회든 회사에서 퇴근하자마자 저녁도 굶고 쫓아다녔다. 지금도 그 당시 교회를 생각하면 감회가 새로워지곤 한다.

개척교회 시절 부흥회 때, "내게 있는 모든 것을 아낌없이 바치네." 찬송을 부르는데 가사가 마음에 와서 박혔다. '나도 내게 있는 모든 것을 바치자.'고 생각하고 찬송을 부르면서 내게 있는 모든 것을 계산해 보았다.

만기가 되어 가는 적금 30만 원, 4년 3개월 정도 다닌 회사 퇴직금 40여만 원, 그것이 전부였다. 30만 원은 당시 건축헌금을 약속해둔 상태여서 남은 것은 40만 원이었다.

'그게 전부인데……. 더 열심히 모아서 결혼도 해야 하는데…….'

별 생각이 다 들었으나 모든 것을 주님께 의지하고 1979년 1월, 퇴직과 더불어 퇴직금 40만 원과 적금 30만 원을 몽땅 하나님께 드렸다. 그러자 내가 가진 모든 것을 드렸다는 것과 하나님과의 약속인 건축헌금을 빨리 드렸다는 생각에 후련하고 좋았다.

나는 그 후 하나님의 은혜로 고영만 장로를 만나 결혼하게 되었다. 결혼 전부터 나는 "아이는 딸이면 딸 둘, 아들이면 아들 둘을 주세요. 그런데 아들을 주신다면 첫아들은 사무엘처럼 하나님께 드리겠습니다." 하고 기도했다.

기도대로 첫아들을 출산하고 연이어 두번째도 아들을 낳았다. 하나님은 내 소원을 다 들어주셨다. 말할 수 없이 가난한 생활이었지만 행복한 나날이었다.

시댁은 대림동에서 시어머님, 시동생 둘, 시누이 네 식구가 단칸방에 살고 있었는데 경제적으로 어려워 우리와 살림을 합쳐야만 했다. 이때부터 정신적, 육체적으로 너무 힘든 생활이 되었다. 몸과 마음이 스트레스로 지칠 대로 지치면 조일래 목사님께 모든 것을 털어놓고 특별 기도를 부탁하곤 했다. 기도를 받고 나면 후련해지고 심신의 통증이 사라졌다. 조일래 목사님과의 만남은 하나님이 내게 베풀어 주신 큰 복 중의 하나였다.

이때쯤 교회는 땅을 사고 건축을 하게 되었다. 이렇게 중요한 시기에 남편의 경제력은 나아질 기미가 보이지 않았다. 이때도 우리는 단칸방을 면하지 못하고 있었다. 그러나 300만 원의 전셋집에 살면서도 건축헌금 100만 원을 드렸다. 아이들이 자라 큰아이가 초등학교 3학년, 작은아이가 2학년인데도 단칸방이 조금 넓어졌을 뿐이었다.

어느 날 남편이 말했다.

"우리가 뭔가 잘못한 것 같아. 제대로 하나님을 믿으면 이럴 수가 없어."

나는 남편을 위로했다. 월세방도 없이 시작했는데 이제 7백만 원의 전세도 있고 두 아들도 있으니 축복받은 것 아니냐고……

목사님의 권유로 사업을 시작하게 되어 수원 가까이 이사를 갔다. 그때 처음으로 작은 아파트를 사게 되었고 아이들 방도 따로 주게 되었다.

수원의 집 근처로 교회를 옮길까 생각해 보았는데 조일래 목사님의 따뜻한 품성 때문에 도저히 그럴 수 없었다. 또한 "다른 사람이라면 몰라도 이 집사님이 그럴 리가 없어요."라고 평소에 말씀하시는 그 믿음을 저버릴 수가 없어서 주일이면 별을 보고 집을 나와 별을 보고 집에 들어가는 생활을 3년 반 동안 했다.

1993년 가을, 다시 대림동 현대 2차 32평형 아파트로 이사를 왔다. 남편은 감격에 겨워 목사님께 말했다.

"이제 자신을 위해서는 더 이상 구하지 않겠습니다."

어느 날 나는 왼쪽 겨드랑이 밑에서 땅콩 알만한 덩어리를 만지게 되었다. 유방암 검사와 초음파 검사를 한 결과, 95%는 아무것도 아니라고 했다.

고대 구로병원에 가서 다시 세포 검사를 했지만 역시 아무 이상이 없다고 했다. 그렇지만 혹은 떼어내는 것이 좋겠다고 해서 2박 3일간 입원하여 수술을 했다. 그런데 내일이면 퇴원하는 날 밤, 인턴이 와서 유방암 3기라고 말했다. 그 말을 듣고도 난 이상하리만큼 두렵지가 않았다.

"하나님, 두 아이 젖먹이고 다 키워 할 일을 다 했으니 제거해도 괜찮아요."

나중엔 오히려 감사한 마음까지 들었다. 교회에서 성도님들이 병원에 심방을 왔다. 목사님께서는 내 모습을 보고, "걱정 많이 했는데 그럴 필요가 없네요." 하고 말씀하셨다.

1996년 5월 25일경 수술을 하고 수술 후 방사선 치료 35회, 항암제 6회 처방을 가지고 퇴원을 했다. 첫번째 항암제를 맞고 퇴원했는데 머리카락이 빠질 거라는 말에 무척 불안했다. 사모님께서 나를 데리고 영등포 지하상가에 가서 적당한 가발을 사주셨다. 어느 정도 불안은 가셔지고 밥도 잘 먹혀 안정이 되었다.

머리가 언제 빠질까, 하며 신경이 쓰이던 어느 날 아침, 머리를 빗는데 아, 드디어 머리가 빠졌다. 올 것이 왔다는 담담함과 안도감이 있었지만 만지기만 하면 한 손 가득 머리카락이 빠져서 머리 빗는 것을 멈출 수가 없었다. 결국 남편이 욕실로 데려가 면도기로 머리를 전부 밀어 주었다. 그리고 외출할 때는 가발을 썼다. 방사선 치료는 수술 후 약간의 휴식을 취한 뒤 시작하기로 했다.

그로부터 한 달 후, 고대 안암병원으로 방사선 치료를 받으러 갔다. 남편은 회사 일로 바빠서 나는 혼자 그 먼 곳을 오고가야 했다. 당시 여전도회연합회 회장이던 문예순 권사님이 월요일부터 금요일까지 날마다 1주일에 다섯 번씩 7주간을 동행해 주셨다.

권사님은 참으로 성실하고 열심히 나를 도와주셨다. 회가 거듭할수록 난 앉아 있을 기력도 없었다. 그럴 때 권사님은 내게 큰 버팀목이 되어 주셨고 용기와 의지를 갖도록 해주셨다.

앉아 있을 기력도 없어 병원 대기실의 의자에 누운 나를 주무르고 안마하며 보살펴 주시던 문 권사님을 난 지금도 잊을 수 없다. 버스나 전철을 탈 때는 재빨리 미리 올라가 자리를 잡아 주시고,

그것도 안 될 때는 젊은이들에게 양해를 구하여 자리를 마련해 주기도 하셨다. 이외에도 일일이 다 열거할 수 없이 고마운 일들이 많았다.

"하나님! 천사를 보내 주셔서 지켜 주신다고 하시더니 바로 문 권사님이 날개 없는 천사였군요. 하나님! 저를 변함없이 사랑하시는군요. 저를 버린 것이 아니었군요."

나는 지금 이 글을 쓰면서도 하나님의 사랑과 문 권사님의 사랑을 생각하며 감사의 눈물을 흘리고 있다.

방사선 치료가 끝나자 구로병원에 1박 2일간 입원해서 항암제를 맞아야 했다. 이제는 조금만 비위가 상해도 다 토했다. 그것 뿐만이 아니었다. 어떻게 자신을 주체할 수 없는 날들이 계속되었다. 10층 아파트 베란다 창을 열고 뛰어내리고 싶은 충동이 일어날 정도로 힘겨웠다.

집으로 병든 나를 보러 오신 친정어머니에게 찬송을 불러 달라고 조르기도 하고, 때로는 20층에 사시는 목사님께 예배드려 달라고 청하기도 하고, 나중엔 병원에 가서 더 이상 항암제를 맞지 않겠다고 의사 선생님께 말씀드리기도 했다.

'이젠 됐어! 병원은 안 갈 거야! 약도 안 먹을 거야! 재발해서 죽게 되면 죽는 거지…….'

너무 힘들어 차라리 죽는 것이 낫지 않을까 생각할 때, 죽은 뒤 하나님 앞에 선 자신을 상상해 보았다.

"어서 오너라. 그동안 힘들었지? 그런데 너 세상에서 무얼 하다 왔지?"

그 물음에 나는 대답이 막혔다. 성가대, 주일학교 교사, 그것은 하나님께 자랑스럽게 내놓을 일이 못 되었다. 스스로 생각해도 부족한 것뿐이었기 때문이다. 곰곰이 생각하니 전도만이 하나님을 기쁘시게 하고 자랑할 만한 것인 것 같았다.

"하나님, 유방암이 낫고 건강해지면 전도에 힘쓸게요."

그래서 몸이 회복되지 않았는데도 당시 교회에서 봉사하시던 홍성수 집사님을 따라 주보를 집집마다 돌리는 일을 했다. 1층만 올라가도 숨이 차오르고 진땀이 났다.

난 호스피스 교육도 받았다. 그 교육을 받으면서 봄이 되면 나뭇가지에 물이 오르듯 내가 다시 살아나는 것을 느꼈다. 죽어 있던 감정들이 다시 살아나고 무의미하게만 느껴지던 것이 다시 빛을 발하기 시작했다.

'그래! 하나님이 삶을 허락하시는 동안 열심히 살자. 모든 일에, 나를 필요로 하는 모든 곳에서 후회함 없이…….'

예전에는 해마다 실시하는 이웃초청 주일이 참 부담스러웠다. 그러나 이제는 그것이 바로 축복의 기회라고 생각한다. 하나님이 사랑하셔서 복 주시려고 힘들고 어려운 상황 속에서도 기회를 주시는 것이다.

난 지금도 17명의 이름을 적어 놓고 어린아이처럼 목사님께서 하라는 대로, 기도문에 이름을 넣어가며 차례로 기도하고 있다. 그 나머지는 하나님의 몫이다.

나는 너무나 생활이 힘들고 어려울 때 장래 아이들 교육비가 걱정되어 교육보험을 들었었다. 그런데 어느 날 기도할 때, 아이들 교육은 하나님이 책임져 주실 텐데 무슨 걱정이냐는 생각이 들어서 4년간 불입했던 교육보험을 해약하여 하나님께 전부 바쳤다.

그 결과, 지금까지 우리 아이들은 많은 교육비에도 전혀 부족함을 느끼지 못하고 살고 있다. 이것은 하나님께 드린 결과의 산 증거라고 할 수 있다. 그리고 미약하지만 하나님의 때에 두 아이도 반드시 주님의 일꾼으로 써주실 줄 믿는다.

어떻게 보면 너무 나 자신을 자랑하는 것 같지만 솔직한 심정은 하나님을 사랑하는 모든 사람들이 나처럼 복을 받고 살기를 원한다. 비록 내가 부자는 아니지만…….

빈손 들고 올라온 서울, 하나님만 의지하며 신뢰하고 다 맡겼더니 오늘의 내가 있는 것이 아닌가! 나는 제대로 투자를 했다. 하나님께 말이다.

"비록 무화과나무가 무성치 못하며 포도나무에 열매가 없으며 감람나무에 소출이 없으며 밭에 식물이 없으며 우리에 양이 없으며 외양간에 소가 없을지라도 나는 여호와를 인하여 즐거워하며 나의 구원의 하나님을 인하여 기뻐하리로다(합 3:17~18)."

환란은 하나님의 초청장

순식간에 차는 중앙선을 넘어 마주 오는 차들을 향해 달리게 되었다. 그리고는 사이드 브레이크를 미처 당길 틈도 없이 다가오는 차를 그대로 들이받고 말았다. 그 순간 '아! 이제 꼼짝없이 죽는구나. 오~ 주여, 주여 살려 주소서!'

이동련(집사)

놀이터를 지나가는데 내 귓가에 "선생님!" 하는 소리가 들렸다. 순간 '진호구나.' 하는 생각에 고개를 돌려 보니 삽시간에 한 무리의 아이들이 나를 향해 달려오고 있었다.

일일이 이름을 불러 주며 머리를 쓰다듬어 주자 한결같이 이렇게 말했다.

"선생님! 새소식반 언제 해요?"

그렇다. 이 사랑스런 아이들을 다음주면 또 우리 집에서 만나게 되는구나. 불현듯 5개월 전 어느 날, 평화롭기 그지없던 내 일상에 닥쳤던 엄청난 일이 떠오른다.

2002년 4월 2일, 화요일 오후에 있을 새소식반(매주 1회 예수님을 모르는 어린이들을 성도의 가정에 모아서 복음을 전하고 결신시켜 가까운 교회로 인도하는 어린이 전도 프로그램)을 준비하기 위해 교회에서 하는 강습회에 참석했다. 찬양과 율동, 공과 공부와 선교사 이야기, 복음 게임 등 시범이 끝나고 성원 새소식반을 담당하고 있는 동생 이후남 권찰과 독산동으로 향했다. 대림동에 살다 독산동으로 이사 간 동생네 두 아이들이 새소식반 공부하는 날을 손꼽아 기다리기에 아이들 하교시간에 맞춰 데리러 가던 중이었다.

늘 손수 운전해서 다니는 길이라 별다른 생각 없이 서부간선도로를 타려고 신정교 쪽을 향해 직선로를 운행하던 중 갑자기 핸들이 한쪽으로 치우치며 불안정하게 흔들렸다. 너무나 순간적인 일이라 당황해서 급정거라도 하려고 브레이크에 발을 댔으나 설상가상으로 브레이크마저 말을 듣지 않았다. 순식간에 차는 중앙선을 넘어 마주 오는 차들을 향해 달리게 되었다. 그리고는 사이드 브레이크를 미처 당길 틈도 없이 다가오는 차를 그대로 들이받고 말았다. 그 순간 '아! 이제 꼼짝없이 죽는구나. 오~ 주여, 주여 살려 주소서!' 마음속으로 애타게 부르짖었다.

핸들에 가슴을 심하게 부딪쳐 숨을 제대로 쉬기가 어려웠지만 분명 나와 동생은 살아 있었다. '하나님! 감사합니다. 저희들에게 무슨 일을 얼마나 더 맡기시려고 이렇게 살려 주시나이까?' 하는 기도가 마음속으로 외쳐졌다. 주위에서 많은 사람들이 몰려와 차가 폭발할지도 모르니 어서 내리라고 했다.

정신을 차리고 내리려고 하는데 차의 앞부분과 운전석 문이 워낙 심하게 망가져 문이 잘 열리지 않았다. 하지만 침착하게 문을 열고 밖으로 나갔다. 내 차와 충돌한 테라칸이라는 차는 지프 형으로 견고하기가 이를 데 없어 보였다. 다행히 상대방도 별로 다친 곳이 없어 보였다.

그런데 나와 동생은 자꾸만 웃음이 나왔다. 그 상황에서 웃음이라니, 남들은 어이가 없겠지만 하나님께 너무 감사한 마음에 히죽히죽 웃음을 멈출 수가 없었다. 내가 생각해도 이상하리만큼 담대한 마음이 용솟음쳤다.

경찰이 와서 차를 공업사로 견인해 보내고 사고 경위서를 작성하기 위해 영등포 경찰서로 갔다. 30분이면 끝난다고 했는데 그날따라 사고를 낸 사람이 많아서 내 순서는 맨 꼴찌였다.

잠깐 앉아 기다리자니 새소식반 시간이 점점 다가와 마음이 불안해졌다. 순간 '새소식반 못하게 하려고 마귀가 방해하는구나. 우리 집이 장소니 내가 꼭 가야 하는데 어쩌지!' 하는 걱정에 침이 바싹바싹 말랐다. 하는 수 없이 동역하는 명재현 집사님에게 전화를 했다. 사고 소식을 들은 집사님은 매우 놀라시면서 알아서 잘할 테니 아무 걱정 말고 마무리 잘하고 오라고 하셨다. 난 안도의 한숨을 내쉬었다.

경찰서에서 긴 조사를 마치고 늦은 시간에 병원 응급실로 갔다. 이곳저곳 엑스레이를 찍어 보니 가슴뼈가 부러져 있었고 온몸이 멍투성이였다. 동생은 여러 곳에 타박상을 입었으나 다행히 뼈를 다친 곳은 없었다.

사고 피해자에게 연락해 보니 뼈에는 이상 없다고 했다. 감사했다. 나보다 그분이 더 심하게 다쳤다면 마음이 무거웠을 텐데…….

저녁에 집에 와서 남편에게 사건 경위를 말했다.

"그렇게 엄청난 사고에 이렇게 멀쩡히 걸어서 집에 돌아오다니 신기하고 너무 감사하다."

남편이 손을 덥석 잡으며 감격해 했다.

집안 일이며 아이들 때문에 입원할 형편이 못 되어 10여 일을 통원 치료만 받았더니 온몸이 너무 부어서 견딜 수 없었다. 이게 말로만 듣던 교통사고 후유증이구나, 이제 골병드는구나 싶어서 입원을 결심하고 집 가까운 병원에 갔다.

다시 엑스레이를 찍고 검사를 했더니 의사 선생님이 화를 벌컥 내셨다.

"아니, 어떻게 이 몸으로 입원도 하지 않고 버텼어요?"

한 2주 정도 입원하면 괜찮을 것 같았는데 몸이 이곳저곳 너무 아팠다. 동생도 입원하지 않고 버티다가 결국은 입원을 했고 우리 자매는 엄청난 고통의 시간을 보내야 했다. 남편과 아이들은 하루 하루가 전쟁이었다.

하지만 믿지 않는 친정이나 시댁에 알리지 못했다. 하나님의 일을 하다가 사고를 당했으니 평소에도 교회 다니는 것을 못마땅하게 생각하시는 친정아버지와 시댁에서 어떻게 생각하실까 염려되어서였다. 믿는 형제 자매들에게도 시험들까 봐 말하는 것이 조심스러웠다. '우리 하나님은 공의의 하나님이시다. 우리에게 그저 주는 시험은 결코 없다.'는 확신을 가지며 고통 가운데서도 전적으로 하나님을 의지했다.

"모든 형편을 아시는 하나님, 저에게 더 강한 믿음을 주소서!"

두 달간 입원 중에도 새소식반은 한 주도 거르지 않았다. 사고

때 가슴에 받은 충격으로 심호흡도 할 수 없었고, 어쩌다 기침이라도 나오면 가슴을 움켜쥐고 뒹굴어야 했다. 큰 소리로 찬양도 하지 못하고 율동은 더더욱 꿈도 못 꿨다. 그래도 새소식반에서 아이들을 가르치다가 몸이 탈나면 하나님께서 책임져 주실 것이고, 그러다 잘못 돼도 할 수 없다고 생각했다.

하지만 병원에서 그날만 잠깐 나가야 하기 때문에 예수님을 모르는 어린이들을 가정으로 초청해서 복음을 전하고 영접하게 하는 새소식반 본래의 역할을 제대로 감당하지 못해서 새로운 아이들을 많이 초청하지 못하는 것이 마음 아팠다.

어느 때는 하나님께 간절히 기도하자 그 다음 주에 새 친구들이 6명이나 온 적도 있었다. '역시 기도하고 하나님께 매달리는 방법밖에는 없구나.' 하고 깨달았다.

그렇게 새소식반은 12주의 과정이 모두 끝났지만 나는 여전히 병원생활을 계속해야 했다. 생각지도 못했던 허리며 목, 어깨 등 아픈 곳이 너무 많았다. 물리치료를 받아도 진전이 없고 허리의 통증으로 다리마저 무거워 오래 앉아 있기도, 서 있기도 힘들었다. 담대하던 마음도 서서히 허물어지기 시작했다. 기도를 하려고 해도 입술도, 마음도 열리지 않고 자꾸 심령이 메말라 갔다.

어느 주일 대예배 시간에 찬양을 하는데 뜨거운 눈물이 흘러내렸다. 하나님께서 얼마나 나를 사랑하고 계시는지, 그 사랑이 절절히 가슴에 와닿아 찬양이 끝나고도 눈물이 그치지 않아 태연히 앉아 예배드리기가 힘들 지경이었다.

'이런 환란을 주신 하나님! 감사합니다. 능히 승리하겠습니다!'

간절한 마음으로 기도 드리는데 이 말씀이 생각났다.

"내 형제들아 너희가 여러 가지 시험을 만나거든 온전히 기쁘게 여기라. 이는 너희 믿음의 시련이 인내를 만들어 내는 줄 너희가 앎이라(약 1:2~3)."

이 말씀은 예전엔 은근히 내게 적용되지 않길 바랐었다. 하지만 이제는 내 마음을 너무 기쁘게 하는 말씀이 되었다. 능히 이길 수 있는 자에게만 주시는 시험, 하나님의 영광을 나타내기 위한 시험…….

금요 심야기도회 때 이종문 목사님께서 일일부흥회를 하셨다. 말씀의 제목은 '환란은 하나님의 초청장'이었다.

"환난 날에 나를 부르라 내가 너를 건지리니 네가 나를 영화롭게 하리로다(시 50:15)."

'하나님께서 나로 하여금 하나님의 영광을 나타내게 하시려고 이런 일을 겪게 하시는구나.'

그동안 병원생활 하느라 소홀했던 기도생활과 맡은 직분에 때로 불평했던 일들이 생각나 견딜 수 없이 부끄러웠다.

'이제부터 시작이다. 어떤 상황이 오더라도 하나님께 맡기고 감사하며 꿋꿋이 이겨 나가자. 비록 내게 힘은 없지만 하나님께서 능력 주시면 무엇이든 할 수 있을 것이다.'

1998년 가을, 현대 3차 아파트에 새소식반을 할 테니 장소 좀 제공해 달라는 유치부 전도사님의 부탁에 겁도 없이 승낙하고 말았다. 아마 새소식반이 뭔지 알았다면 단연 "노." 했을 것이다.

첫 주를 하고 나니 전도사님이 선교사 이야기를 맡아서 하라고 하셨다. 교재를 받아 읽는데 너무 눈물이 났다. 오지에서 일생을 바치며 헌신하는 분들도 있는데 나는 그동안 뭘 했는가? 반성을 하며 선교사 이야기에 너무 큰 은혜 받은 나는 다른 아이들을 돌보는 엄마를 빼앗길까 봐 사사건건 울며 보채는 두 살배기 준하를 업고 말씀을 전해도 힘든 줄 몰랐다. 오히려 1997년 말부터 몰아닥친 IMF 한파에 얼어붙은 가정의 살림살이에 신경 쓰지 않도록 마음에 평화를 주신 하나님께 감사드리는 나날이었다.

비록 아이들의 손길로 비디오, 텔레비전이 성할 날이 없도록 고장이 나고 집안 곳곳에 새소식반 아이들의 손때가 늘었지만 하나님께서 이 일을 맡겨 주신 것이 감사하고 기뻤다. 교회 다니지 않는 남편도 반대는 하지 않고 오히려 내가 힘들까 봐 염려했다.

그런데 집안 형편은 더 나빠져 먼 서울 변두리로 이사해야 할지 모를 상황이 닥쳤다. 하지만 "우리 집안 문제 해결해 주세요." 하는 기도보다는 "하나님! 이제 막 복음을 접하는 아이들이 있으니 새소식반을 이곳에서 계속하게 해주세요. 그 영혼들을 사랑해 주세요!" 하는 기도만 나왔다.

아파트에 입주한 지 얼마 안 된 시기라 대출 이자, 할부금, 중도금 등 많은 물질이 필요했다. IMF 때라 대출을 받으려 해도 선뜻 보증을 서 주는 사람도 없었다. 그런데 전에 부탁했을 때 거절했던 친척 분한테 전화가 왔다. 필요한 만큼의 돈을 빌려 주시겠다는 것이었다. 그것도 무이자로……. 이로 인해 나는 어려움이 변하여 복이 되는 축복을 받았다.

사람들에게 사고 났을 때의 이야기를 하면 다들 놀란다. 내게 그런 어려움이 있었느냐고. 늘 웃고 다녀서 전혀 몰랐다고. 하나님은 나에게 마음의 평안이 무엇인지 알게 하셨고 성령님을 통하여 내 어려움보다는 하나님의 일을 더 먼저 간구하게 하셨다.

새소식반을 위해 헌신하시는 선생님들이나 망설이고 계신 분들에게 나는 자신있게 권한다.

그 일이 맡겨졌을 때 '나같이 부족한 자에게도 이 같은 귀한 일을 맡기십니까? 감사합니다.' 하며 기꺼이 헌신하시라고…….

우리의 형편과 사정을 우리보다 더 잘 알고 계신 아버지께서 그 나라와 그 의를 위해 먼저 일하면 우리의 필요를 풍성히 채워 주신다는 것을 감히 말씀드린다.

이제 앞으로 수정선교센터에서 우리 각자 어떤 모습으로 쓰임 받게 될지 모르지만 우리 모두를 통해 하나님께서 영광 받으시기만을 바랄 뿐이다.

내가 성도가 되기까지 무슨 일이 있었나?

눈앞이 캄캄해지고 다리에 힘이 풀리면서 소파에 털썩 주저앉아 버리고 말았다.
'도대체 이게 무슨 일인가. 왜 저런 험악한 광경을 내가 보아야만 한단 말인가.'
숨이 막히고 가슴이 터지는 것 같아 며칠 동안 잠을 이루지 못했다.

이영수(안수집사)

수정교회를 26년 동안 지켜 주신 하나님의 은혜에 감사드린다. 초라하고 나약하기만 했던 개척 당시, 그리고 청년기로 접어드는 수많은 세월 속에 우여곡절도 많았지만 하나님께서 오늘날과 같은 부흥과 비전이 있으셨기에 앞으로도 수정교회는 영원히 빛과 소금의 역할을 다할 것이라 믿는다.

예수님을 영접하기 전 나는 어떤 생활을 했던가. 매일매일 온갖 세상의 즐거움에 빠져 좋지 못한 일을 일삼으며 친구들과 어울려 허송세월을 보냈다.

밤을 낮 삼고 낮을 밤 삼아 사는 것이 암흑 세계요, 멸망의 길이라는 것을 모르고 오히려 그것이 인생의 즐거움이라 생각하며 살

왔다. 열성적인 불교 신자는 아니었지만 가끔 어머니를 따라 산사를 찾아 불경을 외우기도 하고 나 스스로 절을 찾아가기도 했다.

그러던 1972년, 조남례 권사와 결혼해서 1남 2녀를 두고 그런대로 평탄한 가정생활을 하고 있었다. 그러다가 1989년 여름, 큰아들 용성이의 전도로 교회에 나가 예수님을 영접하게 되었다.

나보다 1년 먼저 교회에 나가게 된 아내는 열심히 신앙생활을 했으나 나는 예수님을 영접했다고는 하지만 적극적이지 못하고 주일도 잘 지키지도 못하는 소극적인 신앙생활을 했다. 그러나 아내와 아이들의 눈물어린 기도로 나는 날이 갈수록 점점 더 열심히 신앙생활을 하게 되었다.

그러던 중 언제부터인가 두통이 오기 시작했다. 그때마다 진통제를 사먹고 넘어가기를 4년여, 차츰 일의 의욕도 없어지고 온몸이 피로해지면서 식욕도 없어져 차가운 음료수만 수없이 마시게 되는 날이 계속되었다.

급기야 먹는 음식은 속에서 받지 않고, 그나마 먹으면 곧바로 토하는 일이 빈번해졌다. 동네병원에 갔더니 혈압이 너무 높아 어쩔 수 없다며 종합병원에 가서 진찰할 것을 권유했다.

용산에 있는 중앙대부속병원에 가서 진찰하고 1주일 동안 입원하여 검사해 보니 만성신부전증이라는 결과가 나왔다. 그러나 나는 무덤덤하기만 했다. 만성신부전증이 너무 생소해서인지 크게 걱정스럽지 않았다. 그런데 의사의 안내를 받아 만성신부전증 환자들이 투석하는 광경을 보게 되자 눈앞이 캄캄해지고 다리에 힘이 풀리면서 소파에 털썩 주저앉아 버리고 말았다.

'도대체 이게 무슨 일인가. 왜 저런 험악한 광경을 내가 보아야

만 한단 말인가.'

숨이 막히고 가슴이 터지는 것 같아 며칠 동안 잠을 이루지 못했다. 의사는 신장 이식이나 혈관 수술, 복막 수술을 택하여 결정하라고 했다. 오랜 생각 끝에 혈관 수술을 하기로 했다.

1993년 9월, 혈관 수술을 마치고 퇴원하여 통원 치료를 하는 동안 아내는 밤낮없이 교회에 나가 십자가 밑에서 울부짖으며 기도하다가 그 자리에 쓰러져 자고는 새벽기도까지 마치고 돌아오는 날이 하루이틀이 아니었다.

이제는 하나님이 부르시는 날까지 영구적으로 투석생활을 하며 살아야 한다는 현실이 너무도 가혹하고 암담하기만 했다.

그러던 나는 아내의 기도 탓인지 모든 것을 체념하고 현실을 받아들이게 되었다. 그러자 마음이 편안해졌다. 그런데 긴장이 풀려서인지 코피가 쏟아지기 시작했다.

초저녁부터 쏟아진 코피는 휴지통을 앞에 놓고 가슴을 베개로 고여 쏟을 정도로 심했다. 코피 쏟기가 너무 고통스러워 잠시 고개를 뒤로 하면 피가 기도에 고여 숨쉬기가 곤란하고, 앞으로 숙이면 기도에 고였던 피가 덩어리째 쏟아지곤 하다 보니 새벽에는 몸 전체가 무감각한 상태가 되었다.

그때 옆에서 내 손을 꼭 잡고 기도해 주던 아내의 모습은 아직도 내 기억 속에서 지워지지 않는다. 간절히 진실한 마음으로 울부짖으며 기도하던 그 모습을 영원히 잊지 못할 것이다.

그렇게 어려울 때, 아이들은 대학생, 중·고등학생이어서 한창 학비가 많이 들어가 가정의 경제는 말이 아니었다. 그런 중에 혈관 수술을 한 지 1년이 지난 1994년 10월부터 피할 수 없는 투석생활이 시작되었다.

나의 이러한 투병생활을 안타깝게 여겨 시작된 L집사님의 끊임없는 기도로 교회의 철야기도가 불이 붙고 아내 또한 피눈물로 기도했다. 투석생활이 계속되다 보니 경제적으로 너무 어려워서 어쩔 수 없이 인천에 있는 어느 교회에 관리자로 가게 되었다.

병마에 시달려 교회 관리는 엄두도 내지 못할 처지였지만 하나님의 도우심으로 그 교회 목사님의 마음을 움직여 어렵게 승낙을 받아 관리직을 맡게 되었다. 그러나 서울로 학교를 다니는 아이들의 통학이 문제였다. 차를 세 번 이상씩 갈아타야 하는 어려움이 뒤따랐다. 그런데도 아이들은 불평 없이 따라주고 오히려 나를 위해 언제나 손잡고 기도해 주었다.

그러나 하나님의 뜻이 무엇인지 모르지만 전에 다니던 교회와 달리, 옮긴 교회는 너무도 우리가 들어설 자리가 비좁았다. 말로만 듣던 텃세라는 것이 교회에서도 존재하는지 의아할 정도였다. 자녀들은 여기에 적응하지 못하고 서울 본교회로 출석했다. 나의 손을 잡고 기도하던 아이들이 적응하기 어렵다고 본교회로 출석할 정도이다 보니 우리의 현실은 점점 힘들어지기만 했다. 그럴 때마다 나는 무릎 꿇고 기도할 수밖에 없었고, 새벽부터 틈만 나면 기도하기를 쉬지 않았다.

내가 아침 일찍 용산에 있는 중앙대부속병원까지 가서 5시간의 투석을 하고 돌아오는 동안 아내는 내가 올 때까지 초조하게 기다리곤 했다.

그렇게 핍박 아닌 핍박 생활을 2년 정도 마치고 부천 소사동으로 이사를 하여 조그마한 가게를 운영하게 되었다. 그 후 1998년에 지금의 대림동으로 이사 오게 되어 온 가족이 수정교회에 등록을 했다.

그동안 조 목사님을 만나 많은 은혜를 받았고 성도님들의 사랑으로 예수님의 사랑을 확인할 수 있는 소중한 시간들이었다.

기약없는 투병생활이 언제까지 계속될지 우리는 알 수 없으나 하나님께서는 완치의 그날을 예비하셨을 줄 믿는다.

기회가 된다면 예수님을 더 알고 깨달아 그 뜻을 어린 새싹들에게 가르쳐 오염되지 않는 천국을 맛보게 하고 싶다.

무엇보다도 내가 사경을 헤맬 때 손을 잡아 주시며 위로해 주신 하나님께 감사드린다. 아내 조 권사의 무릎이 닳도록 하던 애절한 기도, 어려운 환경 속에서 공부하면서도 불평 없이, 오히려 나를 위해 눈물의 기도를 해준 자녀들이 있었기에 오늘의 내가 있다고 생각한다.

어떤 음식을 간절히 먹고 싶을 때가 있듯이, 타들어 가는 목마름에 시원한 물 한 그릇을 간절히 마시고 싶을 때가 있듯이 지금도 어디선가 애타게 우리의 도움과 기도를 기다리는 사람들이 있을 것이다. 비록 그들이 환자가 아니더라도, 어떤 어려움에 처해 있든지 우리는 그들을 위해 중보기도를 쉬지 않아야 할 것이다.

내가 아팠을 때 우리 가족이 합심하여 기도해 준 것처럼, 그래서 지금 내가 이렇게 행복한 사람이 된 것처럼……

하나님의 은혜 속에 걸어온 사모의 길

"사모가 너무 별난 것 같아. 조용히 기도나 하고 있을 것이지." 나는 그 말에
마음이 흔들려 3개월 동안 전도하지 않고 기도만 한 적이 있었다. 그런데 이게
웬일인가? 어느 날 새벽기도회 시간에 남편과 나만 남아 기도하고 있는데…

이은자(조일래 목사 사모)

나는 나지막한 앞산에 봄이 되면 진달래꽃, 원추리꽃이 만발하
고 여름이면 개구리들이 개굴개굴 합창하고 나비가 훨훨 날아다
니는 평화롭고 아름다운 마을에서 태어났다.

세 명의 일꾼을 포함하여 열다섯 식구가 함께 사는 농가의 둘째
딸로 태어났기 때문에 먹을 것은 풍성했지만 한 살 터울인 동생으
로 인해 사랑에 굶주리면서 어린 시절을 보냈다. 그런 어느 날, 우
리 집 근처 초막집에서 한 여전도사님이 교회를 시작한 것이 인연
이 되어 스스로 교회를 나가게 되었다.

어느 주일 새벽 차임벨 소리가 내 귓전을 마구 울렸다. 그리고
그날 예배시간에 "하나님이 세상(은자)을 이처럼 사랑하사 독생자

를 주셨으니(요 3:16).” 하는 말씀과 함께 주님의 사랑이 내 마음을 어루만져 주시는 것을 체험했다. 주님의 따뜻한 숨결도 느낄 수 있었다. 나는 주르르 흘러내리는 눈물을 손수건으로 닦고, 또 닦았다. 그 이후 1년여 동안 예배시간에 너무 많이 울어서 손수건과 휴지를 항상 준비해야만 했다.

부산 수정동교회에서 성가대원과 교회학교 교사로 봉사하면서 당시 집사이며 청년회장이던 조일래 목사를 만나 결혼하게 되었다. 그런데 남편이 대학원을 졸업한 후 사업을 하다가 갑자기 군에 입대하게 되자, 나는 우상으로 찌든 종가집 며느리로 고된 영적 훈련에 홀로 내동댕이쳐지고 말았다.

난 새벽부터 밤늦게까지 허우적거렸는데, 주일예배도 드리지 못하고 온종일 일에 파묻혀서 살아야 했다. 육체적, 정신적, 영적인 고통이 나를 짓누르기 시작했다. 어느 날 무당을 불러 큰 굿을 하게 되자 나는 시할아버지, 시부모님의 눈총과 미움을 의식하며 도망하다시피 기도원으로 향했다.

깊고 어두운 밤, 어찌해야 할지 몰라 괴로움에 몸부림치며 신세타령하는 나에게 주님께서 다시 찾아오셨다. 내 앞에 갑자기 영화필름처럼 나의 지나온 모든 행동과 마음으로 지었던 모든 죄들이 낱낱이 보였다. 나는 깜짝 놀라 그 죄들을 하나하나 입으로 고백했다. 그리고 예수 그리스도의 보배로운 피로 씻음을 받았다. 눈물, 콧물이 뒤범벅이 된 채 입에서 감사, 감사만 계속해서 나왔다. 폭포수처럼 샘솟는 기쁨과 평안과 감사가 내 마음을 사로잡았다. 분명 중생했을 때와는 다른 감격이었다.

그 감격 속에 사로잡혀 계속 기도하고 있는데 갑자기 하늘로부터 해보다 더 강한 빛이 나와서 내 등에서 자고 있는 아들(현철)을 비추는 것이 아닌가! 그리고 "서울로 가라. 내가 너를 책임지겠다. 내가 네 남편을 내 종으로 택했다. 너는 네 남편 말에 복종해라. 내가 네 남편을 온 세계를 누비는 종이 되게 하겠다. 너는 만민의 어미가……" 하는 음성이 들렸다. 나는 두려움과 황홀함에 취한 채 아멘, 아멘만 계속해서 나왔다.

그 후 빛은 떠나고, 성전에 남아 기도하고 있을 때 앞으로 내가 짊어져야 할 십자가들을 보여 주셨다. 나는 그때의 놀라운 일들을 잊을 수가 없다.

그로부터 한 달쯤 지난 후, 휴가 나온 남편으로부터 "하나님께 항복하고 신학교에 가기로 했소. 당신은 어쩔 참이오?"라는 질문을 받았다. 나는 즉시 "우리가 어떻게 하나님을 이기겠어요? 갑시다."라고 남편의 신학의 길에 쉽게 동의하고 동참하게 되었다.

그 후 제대한 남편과 함께 어린 아들을 데리고 빈손으로 서울로 올라왔다. 오직 신학공부를 하기 위해서였다. 가진 것이라곤 주님을 사랑하는 마음과 우리를 책임져 주시겠다는 주님의 약속, 그리고 콩나물 장사를 해서라도 남편의 신학공부를 돕겠다는 일념뿐이었다. 그렇게 눈물로 기도하면서 서울로 왔다.

영등포 역에 내렸을 때는 주머니엔 돈 몇만 원밖에 없었고 갈 곳도, 마중나온 사람도 없었다. 그래서 역 앞 여인숙에서 이틀밤을 지내야 했다. 남편은 입학에 관한 것을 알아볼 요량으로 그 이튿날 서울신학대학에 가서 학장이신 조종남 박사를 만나고 오더니 이듬해 봄 신학기에 입학해야 한다고 말했다.

이런 저런 우여곡절 끝에 입학 대기 중이던 1976년 12월에 수정교회의 첫 예배를 드렸고, 1977년 1월 16일 오후 3시에 역사적인 창립예배를 드렸다. 비록 피아노도 없고 강대상도 없는 초라한 시작이었지만 기쁨과 감사의 창립예배였다. 이 예배는 나를 햇병아리 사모로 만들었고, 남편이 학교에 가고 나면 성전에 나가 기도하고 찬양하고 성경을 읽으며 밖에 나가 전도하는 것이 일과가 되었다.

개척할 당시는 유난히도 춥고 배고픈 겨울이었다. 우리 식구는 2평도 못 되는 교회에 딸린 단칸방에서 살았다. 방 모서리에 성에가 가득 생기곤 했다. 나는 너무 못 먹어서 계속 악성 빈혈에 시달렸고, 먹지 못하고 끼니를 거르는 것이 다반사였다. 당시 나는 자동차를 5분만 타도 심한 멀미를 했는데 그것도 악성 빈혈과 영양실조 때문이었다.

둘째아들(현덕)을 임신하고 만삭이 되었을 때, 아기가 거꾸로 있었으나 수술할 형편이 못 되어 모든 것을 기도로 주님께 맡기고 목숨을 건 난산을 해야만 했다. 그때 남편의 서울신학대 대학원 M.Div 동기생들이 학교 뒷산에 올라가 나를 위해 안타까운 마음으로 합심하여 간절하게 부르짖는 기도를 해주었는데 기적적으로 나도 살고 아기도 살게 되었다.

산모인 내가 먹지 못해 젖이 잘 나오지 않아 아기가 배고파 울 때 보리차 물을 끓여 먹이기도 했다. 그런 형편에서도 남편은 적은 액수일지라도 선교비 보내는 것을 중단하지 않는 사람이었다.

개척의 시련 속에서도 하나님은 임원기 권사님 같은 분을 까마귀로 사용하셔서 먹을 것을 공급해 주시기도 했다. 그리고 아기가 아프면 병원에 갈 돈이 없어서 아픈 아기를 안고 강대상 앞에서 기도하면 거짓말처럼 낫게 해주셨으며 많은 위로와 간증거리도 주셨다.

1979년 늦은 가을이었다. 새벽기도회 시간에 혼자 남아 기도하고 있는데 주님께서 내 눈을 열어 주일예배 드리는 환상을 보여 주셨다. 예배당에 성도들로 꽉 차 있고 뒤에 서서 예배드리는 사람들도 많았다. 당시 전도사인 남편이 설교를 하기 위해 강대상에 서려고 하는데 흰 옷 입은 예수님이 강대상에 먼저 오르셔서 남편 앞에 서서 성경 말씀을 남편에게 가르쳐 주시면 남편이 받아서 그대로 전하는 것이 아닌가! 참으로 신기하고 놀라웠다.

그로부터 몇 달 후인 1980년 3월 9일에 처음으로 100명이 넘는 101명이 출석하여 예배당을 꽉 메운 채 주일예배를 드리게 되었다. 참으로 모든 것이 주님의 도우심과 은혜일 뿐이다.

한번은 부흥회를 마치고 40일간 하루도 쉬지 않고 전도한 적이 있었다. 사도행전의 역사를 조금이나마 체험하고 싶었고, 주님을 기쁘시게 해드리고 싶었기 때문이다.

전도하던 어느 날, 조그만 가게를 운영하는 아가씨를 만났다. 그 아가씨에게 다가가 내가 만난 예수님을 힘있게 전했다. 그러자 그녀의 눈빛이 반짝이면서 예수님을 영접하는 것이 아닌가? 영접기도를 하고 나니 그녀의 눈에는 눈물이 흐르고 있었다. 분명 성령이 역사하신 것이다. 그 후 그녀는 집사가 되었고, 남편까지 전도하여 남편도 집사 직분을 받아 교회에 잘 다니고 있다.

이렇게 전도하다 보면 때로는 문을 꽝 하고 닫기도 하고 물을 뿌리기도 하며 어떤 사람은 재수없다고 소금을 뿌리기도 했다. 또 어떤 사람은 절에 가서 액땜을 하고 오기도 했다.

그러나 난 그런 것에 흔들리지 않고 열심히 전도를 했다. 그렇게 밤늦게까지 전도하다 보면 어느 때는 저녁식사를 준비하지 못할 때도 많았다. 열심히 전도한 결과, 40일 동안 25명이 예수님을 영접했고 그들이 구원의 감격을 누리는 모습을 보면서 주님께 눈물로 영광을 돌린 적이 있다.

어느 날이었다. 마귀가 사람을 통하여 전도하는 나를 넘어뜨리려고 했다.

"사모가 너무 별난 것 같아. 조용히 기도나 하고 있을 것이지."

나는 그 말에 마음이 흔들려 3개월 동안 전도하지 않고 기도만 한 적이 있었다. 그런데 이게 웬일인가? 어느 날 새벽기도회 시간에 남편과 나만 남아 기도하고 있는데 이사야 60장 1~3절을 읽어보라는 성령의 감동을 받았다. 나는 즉시 기도를 마치고 성경을 읽어보았다.

"일어나라. 빛을 발하라. 이는 네 빛이 이르렀고 여호와의 영광이 네 위에 임하였음이니라. 보라 어두움이 땅을 덮을 것이며 캄캄함이 만민을 가리우려니와 오직 여호와께서 네 위에 임하실 것이며 그 영광이 내 위에 나타나리니 열방은 네 빛으로 열왕은 비취는 네 광명으로 나아오리라."

나는 회개 기도를 하며 한없이 울었다. 그리고 다시 힘을 내어 또다시 전도하기 시작했다. 그 이후 성령의 역사가 다양하게 나타났다. 하나님은 결혼한 지 15년 만에 시부모님을 예수믿게 하셨고, 유교에 찌든 친정부모님과 형제, 자매들과 친척들도 믿게 하셨다.

그 외에도 유명한 미용실 원장님을 전도한 지 9년 만에 예수믿게 하셨으며 그의 남편도 교회에 나오게 하셨다. 또 많은 분들과 해를 거듭하여 변함없이 인간관계를 맺게 하시면서 전도하게 하셨다. 그 결과 지금은 수정교회에서 권찰, 집사, 권사가 되어 아름답게 봉사하는 분들이 많다. 그 모습을 볼 때마다 너무 사랑스러워서 하나님께 감사와 찬양과 경배를 드리지 않을 수 없다.

그동안 성령께서 부족한 나를 통해 역사하셨던 일들이 이외에도 많으나 다 기록할 수 없는 것이 안타깝다. 그럼에도 수정교회 목사의 아내요 장성한 두 아들의 엄마이며 인생 5학년에 접어들었고 주님을 영접한 지도 벌써 수십 년이 지났건만 아직도 설익고 부족한 부분들이 많은 자신의 모습을 보면서 나는 날마다 이렇게 기도한다.

"주님! 아직도 좁디좁은 못난 이 마음을 다스려 주소서! 날마다 제 십자가 지고 주님을 따르게 하소서! 쉬지 않고 전도하게 하소서! 감격의 찬양으로 주님께 영광돌리게 하소서!"

부족하기 짝이 없는 나를 불쌍히 여기셔서 지난 27년 동안 사모의 길을 은혜 가운데 걸어오게 하신 주님께 감사와 존귀와 영광을 올려드린다. 할렐루야!

그토록 찾아다닌 하나님은 내 안에 계셨다

하나님은 놀랍게도 내 심령을 뒤흔들어 놓으셨다. 나는 드디어 하나님을 만난 것이다.
늘 보고 듣던 요한복음 1장 1절의 단 한 구절이 허무하게 살아오던 나에게 기쁨과 영생의
소망으로 넘쳐 흐르게 했다. 그렇게 나는 제2의 인생을 시작하게 되었다.

이자희(집사)

순식간에 내 영혼에 소낙비를 퍼붓는 듯한, 좋은 단어들을 한꺼번에 쏟아 붓는 듯한, 말로는 도저히 표현할 수 없는 일이 일어났다. 이 기쁨이 계속될 수만 있다면…….

"태초에 말씀이 계시니라. 이 말씀이 하나님과 함께 계셨으니 이 말씀은 곧 하나님이시니라(요 1:1)."

성경을 펼쳐든 나는 몇만 볼트의 전기에 감전된 것처럼 표현할 수 없는 충격에 휩싸였다. '이게 뭐지?' 나는 너무 놀라 용수철처럼 그 자리에서 벌떡 일어났다.

온몸이 감전된 것처럼 감당하지 못할 뜨거움이 전해졌다. 나는 지금까지 한번도 체험해 보지 못한 희열에 휩싸인 채 두 손을 마

주 잡고 "하나님 감사합니다. 하나님 감사합니다. 하나님 감사합니다."를 되뇌었다. 나는 드디어 하나님을 찾은 것이다.

말로 하라면 사흘 밤을 해도 못다 할 것 같은데 글로 쓰자니 이 세상의 그 어떤 아름다운 말과 고귀한 말로도 다 표현할 수 없을 것 같다. 그저 '하나님'이란 말만 해도 가슴이 벅차오르고 터져 버릴 것 같다.

이렇게 하나님은 놀랍게도 내 심령을 뒤흔들어 놓으셨다. 나는 드디어 하나님을 만난 것이다.

늘 보고 듣던 요한복음 1장 1절의 단 한 구절이 허무하게 살아오던 나에게 기쁨과 영생의 소망으로 넘쳐 흐르게 했다. 그렇게 나는 제2의 인생을 시작하게 되었다.

전에는 주일을 범하기 일쑤였고 세상을 다 산 사람처럼 안색은 창백하고 인상은 험악하게 굳어져서 내가 보기에도 너무 딱한 생활을 하고 있었다. 평생 단 한 번도 웃어본 적이 없는 것처럼, 아니 웃으면 안 되는 것처럼 사람을 대했고 그나마 사람을 대면하기도, 만나기도 싫었다.

당시 우리 가정은 풍비박산이 되어 있었다. 남편은 죽고 빚은 산더미같이 쌓여 있었으며 젊디젊은 나는 어린 나이에 두 남매를 데리고 살아가야 할 처지였다. 그나마 함께 기거할 수 없는 형편으로 아이들은 친정에, 나는 동생 집에 뿔뿔이 흩어졌다.

그토록 사랑하던 나의 가정이 그렇게 되자 나는 어찌할 바를 모른 채 낙담이 되어 내면의 깊은 고통과 생활고로 깊은 웅덩이에 빠진 것만 같았다. 삶의 무게에 짓눌려 깊고 깊은 수렁에 갇혀 나갈 수 없는 상태에까지 이른 것이다.

교회에 나가는 것은 오랜 습관 가운데 하나였다. 더구나 교회에 가서 앉아 있으면 "너는 죽을 수밖에 없는 죄와 허물로 용서받을 수 없는 죄인이야." 하는 마귀의 속삭임에 속기 일쑤였다. 그러니 목사님의 설교가 마음에 와닿지도, 귀에 들어오지도 않았다.

차츰 교회 나가는 것이 소홀해지고 이 교회, 저 교회를 전전하다가 그저 마음이나 편하게 살고 착하게 살면 된다는 누군가에게서 들은 이야기가 생각나 그쪽으로 마음이 기울어졌다. 그러다 보니 교회에 나가지 않는 주일이 훨씬 더 많아졌다.

확신도 없는 신앙생활이 힘들었고 거기다가 믿어지지 않는 하나님을 억지로 믿어야 한다는 부담감이 나를 짓눌렀다. 나중에는 교회 나가는 것이 큰 부담이 되었고 모든 사람이 나를 향해 손가락질을 하는 것만 같아 부끄러운 마음까지 들었다. '너 같은 죄인이 어찌 감히 하나님의 신성한 성전을 더럽히려 왔느냐?' 하는 것만 같았다.

그렇게 마귀에게 종노릇하며 부끄럽게 신앙생활을 하던 나는 결국 교회를 향하던 발걸음을 뚝 끊었다. 그러나 교회만 보면 마음 한구석이 견딜 수 없이 아팠다. 그렇게 연약한 나를 하나님은 포기하지 않으시고 끝까지 사랑하셨다.

하나님은 아이들과 오랫동안 헤어져 있게 하지 않으셨다. 3~4년쯤 되어 한 곳에 모여 살게 되었을 때 딸아이가 너무 좋아하며 "엄마, 이곳이 바로 천국이야." 하며 나를 끌어안았다. 하나님은 딸아이를 통해 나에게 천국을 가르쳐 주셨다. 내가 어느 곳에 있느냐가 문제가 아니었다. 지하실이면 어떻고 다리 밑이면 어떠랴. 내가 하나님과 함께 있는 그곳이 바로 천국인 것을……

어느 날부터 또다시 신앙의 길을 잃고 헤매는 나는 숨쉴 수조차 없이 답답해지는 것을 느꼈다. 그런 나에게도 조그만 변화가 일어나기 시작했다. 하나님은 나를 선교하는 수정교회로 인도하시기 위해 대림동으로 이사하게 하셨다.

난 이사를 와서도 이 교회 저 교회를 배회했지만 자꾸 수정교회에 나가고 싶은 생각이 많아졌다. 등록은 했지만 예전처럼 주일을 범하는 날이 많았다. 하나님은 그런 나였지만 끝까지 포기하지 않으셨다.

그 즈음 나는 좋은 구역 식구들을 만나게 되었다. 그때 구역장님은 조영자 권사님이셨다. 구역 식구로는 배윤섭 집사님, 양혜순 집사님이 계셨다. 이분들은 나의 허물을 감싸 주시고 교회에 잘 나가도록 애써 주셨다. 이분들이 아니었으면 나는 지금 어떻게 되었을까?

그 뒤 배윤섭 집사님이 구역장님이 되어 일하셨는데 집사님은 천호동으로 이사를 가시면서 어린아이를 물가에 떼어 놓고 가는 심정이라며 못내 안타까워하셨다. 내가 배턴을 이어받아 구역장으로 일하고 있는데 집사님은 구역원으로 참석하시며 지금까지도 언니처럼, 때로는 엄마처럼 우리를 보살펴 주신다.

그러한 신앙생활 가운데 나도 하나님을 만나야겠다는 일념으로 기도원으로, 또는 유명하다는 목사님의 부흥회로 전지전능하신 하나님을 만나 보려고 무던히도 찾아다녔다. 그런데도 하나님을 만날 수 없었다. 물론 하나님이 우리 모두의 마음속에 존재한다는 것과 하나님 나라는 우리들 마음속에 있다는 것을 그 알량한 지식으로만 알고 있을 뿐이었다.

어느 날, 나를 불쌍히 여기신 하나님께서 놀라운 응답을 주셨다. 조일래 목사님을 통하여 "성경 말씀에서 하나님을 찾으십시오. 하나님은 말씀 속에서 지금도 살아 역사하십니다." 하는 말씀을 주셨다. 난 무심코 "아멘." 하면서 목사님을 바라보았다. 그때, 목사님은 피를 토하는 설교를 하시는 것처럼 보였다. 말씀이 마음에 와 닿았다. 내가 은혜 받을 준비를 하고 교회에 가자 목사님이 서 계신 자체만으로도 넘치는 은혜로 다가왔다.

나는 성경을 읽기 시작했다. 통독을 해도 하나님을 찾지 못하고 읽고 또 읽어도 만나지 못했던 하나님! 너무 답답했다.

2~3년 내내 그러던 중, 어느 날 성경을 펼쳐든 순간, 하나님의 성령의 불이 나를 태우기 시작했다. 기나긴 어둠의 터널을 뚫고 한 줄기 빛이 나를 향해 비췄다. 캄캄한 어둠의 세계가 내 인생의 전부려니, 숙명처럼 받아들이고 살아왔었는데 사랑과 은혜가 가득한 새로운 삶에 눈을 뜨게 된 것이다. 제2의 인생은 그렇게 시작되었다.

하나님 앞에서는 티끌보다도 작은 나, 죄와 허물로 가득찬 나이지만 그래도 이 모습 이대로 하나님은 사랑하시고 구원해 주셨다. 나는 어리석게도 지금까지 마귀의 종노릇을 하며 살아온 것이다.

하나님은 나의 모든 문제를 먼저 알고 계셨다. 작은 문제까지 전부 해결하실 수 있는 유일한 분이라는 것을 왜 진작 알지 못했을까. 내 인생의 모든 시작과 끝이 하나님의 손에 달려 있음을 왜 인정하지 못했을까. 난 이제야 그 멀고 먼 길을 돌아 주님 앞에 섰다. 비로소 주님께 절망과 고통과 한숨과 눈물과 모든 무거운 짐을 내려놓았다.

내가 한 것이라고는 하나님을 만나고 싶은 간절한 마음으로 어린아이처럼 단순하게 하나님께 달려간 것밖에 없다.

"나 같은 죄인 살리신 주 은혜 고마와. 잃었던 생명 찾았고 광명을 얻었네."

이 찬송을 얼마나 부르고 또 불렀던가. 하나님이 주시는 평안과 기쁨과 위로를 머리끝에서 발끝까지 받자 입이 다물어지지 않았다. 하나님은 나의 고난의 삶을 향기롭고 값진 의미로 탈바꿈시켜 주셨다. 나는 기뻐서 미친 듯이 뛰었다.

이제 하나님을 만나러 강 건너로, 산 너머로 다닐 필요가 없어졌다. 하나님은 늘 나와 동행하고 계시고 늘 말씀 안에서 내 곁에 계신다.

하나님은 은혜로 변화된 나를 여러 곳으로 보내셨다. 의료선교팀으로, 전국 방방곡곡의 열악한 미자립 교회로 인도하시더니 드디어 베트남까지 가게 해주셨다. 그곳은 너무나도 복음이 절실한 곳이었다. 하나님의 말씀을 모른 채 죽어가는 영혼들이 너무도 불쌍했다. 내가 다른 사람을 위해 이토록 가슴 아파하며 눈물 흘려 보기는 처음이었다.

우리가 이 세상을 사는 데 가장 소중한 것 중 하나가 바로 하나님이 주시는 평안이다. 저들은 그 평안이 없으므로 괴로움과 탄식 속에서 벗어나지 못하고 최악의 환경에서 시름하며 무슨 병에 걸렸는지조차 모른 채 죽어가고 있다. 평생 약 한번 먹어 보지 못하고 약국과 병원이 있다는 것조차 모른 채……

나는 이제야 알 것 같다. 하나님이 왜 나를 선교하는 수정교회로 인도해 주셨는지. 그렇다면 나 같은 부족한 사람도 하나님의 도구로 사용될 수 있을까? 이 교회에서 나도 할 일이 있을까? 분명한 것은 하나님은 나를 선교하는 수정교회로 인도하셨다는 것이다.

가만히 눈을 감고 그동안 살아오면서 쏟았던 많은 눈물을 생각해 본다. 어리석게도 전부가 다 헛된 눈물뿐이었다. 이제는 값없는 눈물을 흘리기보다 천하보다도 귀중한, 죽어가는 한 영혼을 위한 값진 눈물을 흘리고 싶다.

이제 나는 너무 많이 변했다. 하나님이 나를 이렇게 긍정적인 사람으로 변화시켜 주셨다.

어느 날, 하나님은 내 기도에 꿈으로 응답해 주셨다. 이사야 41장 10절의 "두려워 말라 내가 너와 함께 함이니라. 놀라지 말라. 나는 네 하나님이 됨이니라. 내가 너를 굳세게 하리라. 참으로 너를 도와주리라. 참으로 나의 의로운 오른손으로 너를 붙들리라."라는 말씀으로 맑고 청아하게 세 번 말씀하셨다.

하루하루 새롭게 시작하는 기쁨을 맛보니 이제 내 얼굴은 날이 갈수록 활기차며 내 마음은 어느새 하나님을 향해 달려간다.

폐암 4기 판정을 받고…

10일 정도 입원하면서 늑막에 물이 찼다는 결과가 나왔고, 다시 MRA 검사 후 폐암 4기라는 판정이 내려졌다. 조직 검사 후 의사는 남편을 불러 나를 집으로 데리고 가서 주변을 정리하도록 하라고 했다. 수술을 전혀 할 수 없는 상태라는 의사의 말에 나는 어린아이처럼 살려 달라고…

임연락(집사)

1995년쯤에 나는 배정숙 집사님과 신안탕에서 함께 일할 때, 그곳으로 전도하러 오신 이은자 사모님의 전도로 수정교회에 나오게 되었다.

난 배 집사님과 같은 구역이어서 일을 하면서도 금요일이면 최일연 집사님과 셋이 꼭 예배를 드렸다. 예전에 다른 교회를 더러 다니기는 했지만 모든 것이 새롭고 특히 구역예배를 통해 말씀을 듣는 시간이 좋아서 매우 기다리게 되었다.

나는 집안의 생계를 책임지고 있었다. 장애를 가지고 있는 남편은 너무 술을 좋아해서 늘 술로 세월을 보내다시피 했고 생활력이 전혀 없었다.

두 아들을 책임져야 한다는 일념으로 나는 10여 년을 새벽 6시 반부터 저녁 7~8시까지 하루도 거르지 않고 열심히 일했다. 때로는 너무 힘이 들어 몸에 무리가 가도 몸을 아끼지 않고 일하며 의지로 버텨냈다. 아끼고 절약하여 아파트도 한 채 마련할 수 있었다.

그러던 2001년 10월경, 몸이 좋지 않았다. 이유 없이 옆구리가 결리는 듯하고 구역질이 나고 일하는 것이 너무나 힘에 부쳤다. 구역예배 시간에 나도 모르게 꾸벅꾸벅 졸기도 했다.

가까운 동네병원에서는 별 이상이 없다고 했으나 계속 몸이 좋지 않아 대림 성모병원으로 갔다. 늑막염이라고 하더니 CT 촬영 결과 폐렴이라고 했다.

10일 정도 입원하면서 늑막에 물이 찼다는 결과가 나왔고, 다시 MRA 검사 후 폐암 4기라는 판정이 내려졌다. 조직 검사 후 의사는 남편을 불러 나를 집으로 데리고 가서 주변을 정리하도록 하라고 했다. 수술을 전혀 할 수 없는 상태라는 의사의 말에 나는 어린 아이처럼 살려 달라고 떼를 썼다.

소견서를 써주어 여의도 성모병원으로 갔으나 그곳에서도 똑같은 말을 했다. 6개월을 넘기기 어렵다는 것이다. 살려 달라고 애원하는 나에게 의사는 수술은 할 수 없으니 약물 치료를 해보자고 했다. 나는 배정숙 집사님을 통해 교회에 기도를 부탁했다.

나는 하나님께 울면서 기도했다. 기도를 어떻게 해야 하는지도 잘 모를 때이므로 아무 생각 없이 무작정 하나님 이름만 불렀다.

"하나님, 저 어떻게 해요. 다시 살려 주시면 그동안 하지 못했던 일 많이 할게요. 제 생명 좀 연장해 주세요."

그동안 못했던 일은 전도를 말했다. 그동안 나는 교회에서, 구역예배에서 많은 말씀을 들으면서도 아무에게도 전도하지 못했던 것이 후회가 되었다.

한 가지 더 회개하고 싶은 것이 있었는데 술을 좋아하는 남편을 속으로 늘 못마땅하게 생각한 것이었다. 나는 그동안 남편에게 냉랭하게 대했고 내 일만 열심히 했다. 그런데 그것도 하나님 앞에 큰 잘못임을 깨달았다. 남편의 입장에서는 전혀 생각하지 않은 행동이었던 것이다. 반면에 두 아들은 끔찍이도 위하고 아껴 주었다. 마치 아들들이 나의 우상과도 같았다.

이런 모든 일들이 생각나서 많이도 울면서 기도했다. 언제 이 땅을 떠날지도 모르면서……. 나을 수 있다는 희망도 없이…….

치료가 시작되었다. 성도님들은 나를 위해 기도해 주었고 구역장님은 자주 나를 보러 오셨다. 힘들게 1, 2, 3차 치료를 마치고 다시 검사를 했을 때 의외로 약물 치료 결과가 좋다고 했다. 나는 하나님께서 내 기도에 응답하셨다는 것을 알 수 있었다. 너무나 기쁘고 감사한 마음이 들었다.

병원에서는 차도에 따라 8차까지는 치료를 할 수 있을 것 같다면서 치료를 계속 해보겠느냐고 했다. 나는 분명 낫는다는 희망을 안고 4, 5, 6차에 걸쳐 항암 치료를 했다. 한번 항암 치료를 하기 위해 3일간 입원하여 혈관으로 약물을 투여했다. 그러다 보니 집에 돌아오면 거의 초죽음이 된 상태였다.

물까지도 전부 토하고 전혀 먹을 수가 없으니 움직일 기운도 없어서 누워만 있었다. 눈을 뜰 힘조차도 없었다. 숨만 쉴 뿐 살아 있는 것 같지 않았다.

남편은 그런 나를 무척 안타까워하며 곁에서 이런저런 심부름을 도맡아 해주었다. 집안 일도 혼자서 다하는 것 같았다.

6차 치료 결과, 더 이상 나빠지지는 않았고 그냥 그 상태라고 했다. 나와 집안 식구들은 모두 크게 실망했다. 살 수 있다는 희망이 사라진 것이다. 병원에서는 남은 두 차례의 치료를 계속하겠느냐고 했지만 무엇보다도 더 이상 경제적으로 치료하기가 어려웠다. 그런데 남편은 집을 팔아서라도 꼭 남은 치료를 해보자고 했다. 횟수가 거듭되어 의료보험 혜택이 되지 않아 7, 8차 치료비는 감당하기가 어려웠다.

나는 울면서 기도하며 그동안 전혀 읽지 않던 성경을 손에 들었다. 우연히 히스기야 왕의 이야기가 나오는 대목을 읽으며 나도 히스기야처럼 병에서 나을 수 있도록 도와 달라고 기도했다.

욥기 42장을 읽을 때는 티끌과 재 가운데서도 자신이 지은 작은 죄까지도 회개하는 욥을 보게 되었다. 나는 하나님께 나의 모든 죄가 하나하나 다 생각나게 해달라고 기도했다. 그날그날 열심히 살아온 세월이었지만 하나님을 의지하지 않고 나 자신만을 의지하며 살아온 것이 큰 죄임을 알게 되었다. 다행히 병원 측의 도움으로 생각보다 치료비 혜택을 많이 받아 7, 8차 치료를 마칠 수 있었다.

거의 10일 정도 아무것도 먹지 못하고 있었다. 그러는 동안 목사님, 권사님, 전도사님께서 여러 번 오셔서 기도해 주셨다. 조 목사님께서는 내 이마에 손을 얹으시고 아주 간절히 길게 기도해 주셨다. 여전도회에서도 집사님들이 오셔서 함께 찬송을 불러 주시기도 했다. 그러자 마음이 매우 편안해졌다.

집에 돌아와 누워 있는데 우연히 언젠가 부흥회 때 나눠준 찬송가 팜플렛이 눈에 띄었다. '내 평생 살아온 길 뒤를 돌아보니 걸음마다 자욱마다 다 죄뿐입니다.' 하는 찬송이었다.

나는 찬송이 적힌 종이를 들고 매일매일 거의 하루 종일 부르다시피했다. '쓰리고 아픈 마음 달랠 길 없어서 골고다 언덕길을 지금 찾아옵니다.'

마치도 나의 이야기를 노래하는 것 같았다. 성경을 가까이 하니 말씀이 점점 좋아지고 하나님께서 직접 내게 주시는 말씀으로 들렸다. 나는 성경을 베개 삼기도 하고 가슴에 꼭 끌어안고 자기도 했다. 특히 욥기서를 반복해서 읽었다.

얼마 있다 검사를 했는데 너무 결과가 좋게 나왔다. 놀랍게도 병이 다 나았다는 판정을 해준 것이다. 할렐루야! 난 그 순간, 아무 생각도 나지 않고 뜨거운 눈물만 솟구쳐 나왔다. 하나님의 능력은 실로 한이 없으심을 절감하는 순간이었다.

나는 지금 이 순간에도 하나님께 깊이 감사드린다. 그리고 나를 위해 그동안 기도와 사랑으로 수고해 주신 목사님, 사모님, 전도사님, 권사님, 집사님들 그리고 중보 기도해 주신 모든 분들께 이 자리를 빌려 진심으로 감사드린다.

나는 나의 가족에게도 감사한 마음뿐이다. 나의 병으로 집안이 어려운 가운데도 잘 자라준 아이들이 고맙고, 누구보다도 나의 손발이 되어 수고해 준 남편에게 고맙다는 말을 전하고 싶다.

한때 내가 교회 나가는 것 때문에 핍박했던 남편은 작년 초청주일에 김양남 전도사님의 초청으로 교회에 나오기도 했다. 지금은 "나갈 때 되면 나도 나갈 테니 당신 늦지 않게 예배 잘 드리라."면서 챙겨 준다. 어릴 때는 잘 다니다가 한동안 신앙생활을 하지 않던 큰아들도 대학에 다니면서부터 교수님을 따라 주일마다 예배를 드리고 있다. 죽음 직전까지 이르렀던 나이므로 다시 새 생명을 주신 하나님께 나는 늘 기쁘고 즐겁게 찬송을 드린다. 요즈음은 495장을 즐겨 부르고 있다.

"내 영혼이 은총 입어 중한 죄 짐 벗고 보니 슬픔 많은 이 세상도 천국으로 화하도다."

내 입에서는 늘 이 찬송이 맴도는데, 마치 나를 위한 찬송 같다는 생각이 든다. 지금도 성전에 들어가면 난 맨 먼저 이렇게 기도드린다.

"이곳에 오신 모든 성도님들, 모두 건강하게 해주세요."

내 평생 잊지 못할 조일래 목사님

기도를 받기 시작한 3일째 되는 날, 또렷하고 확실한 하나님의 음성이 들려 왔다.
"금식해라. 하루만 더 금식해라." 강한 음성이 들려 오면서 골방 같은 기도실에 10분 정도
환한 불빛이 쏟아졌다. 난 그 불빛이 너무 강해서 소스라치게 놀랐다.

임원기(권사)

이제 내 나이 77세, 사람들은 나에게 무덤덤하고 질박스럽게 보인다고 말한다. 나를 이렇게 편안한 사람으로 만들어 주시고 오늘날까지 함께 해오신 하나님께 무한한 감사를 드린다.

나는 수정교회 26년의 역사와 함께 살아온 사람이라고 해도 과언이 아니다. 다시 그 시절로 되돌아가 생각하니 감개무량하여 눈시울이 뜨거워진다.

1976년 초가을, 대림성결교회에서 주일예배를 드리려고 당시에는 성도였던 서영숙 권사와 딸 이국화 집사, 아들 이동섭 집사와 함께 기다리고 있는데 호리호리한 몸매에 가냘프고 곱상한 청년이 아이를 업은 여인과 함께 들어왔다. 이분들이 바로 조일래 목

사님, 이은자 사모님이다. 이 첫 만남이 수정교회의 첫 출발이 되었다고 할 수 있다.

목사님은 첫 인상이 매우 성실하고 신실한 청년으로 보였다. 26년 전의 일이지만 52세 때의 일이어서인지 아직 기억이 생생하다. 목사님은 생명의 말씀을 전해 주시는 목자로서 뿐만이 아닌, 여러 면에서 내가 잊지 못할 분이다.

내가 대림시장에서 노점상을 하며 떡볶이, 오뎅, 찐빵, 도너스 등을 팔 때였다. 공부하고 교회 일 하느라 그 바쁘신 와중에도 비가 오나 눈이 오나 몇 년 동안 단 하루도 빠짐없이 내가 장사하는 곳을 들러서 기도해 주시고 빵 몇 개를 사시고는 기어이 돈을 내놓고 사라지곤 하셨다. 오죽하면 노점상 주위 사람들 사이에 아들이라도 저렇게는 못할 거라고들 말했다.

이뿐만이 아니다. 목사님은 나를 영등포 시장으로 데리고 가셔서 도매상으로 안내하여 물건 사는 방법을 가르쳐 주기 위해 보름 정도 함께 다녀 주셨다. 그러던 어느 날 "이젠 혼자 물건 뗄 수 있겠지요? 이젠 혼자 다니셔도 되지요?" 하고 물으셨다. 그 뒤로 난 영등포 시장을 혼자 다닐 수 있게 되었다.

또한 20여 년 가까이 지금까지 나의 생일이나 어버이날이 되면 한번도 매년 빠짐없이 금일봉을 보내 주고 계시다. 한 가지 가슴 아픈 일은 아들과 며느리 따라 교회를 8년간 옮겼었던 일이다. 그러나 너무 목사님이 그리워서 다시 수정교회로 왔다.

목사님은 한번 먹은 마음은 변하지 않는 것이 특징 중의 특징이신 분이다. 또한 그분은 나의 생명의 은인이라고도 할 수 있다. 목사님이 아니었으면 나는 지금 이 세상 사람이 아니었을 테니 말이다. 지금도 그때 일을 생각하면 뜨거운 눈물이 난다.

내가 57세 때의 일이다. 목사님께서 목사 안수를 받으실 때였다. 배가 몹시 아파 병원에 가서 진찰해 보니 자궁에 혹이 있고 염증이 심하다고 했다. 큰 병원에 가보라고 하여 한양대병원에 가서 진찰해 보니 자궁암이라는 진단이 나왔다.

나는 20일 금식기도를 작정하고 안양기도원으로 가서 간절히 기도에 매달렸다. 내색은 하지 않았지만 마음속으로는 동섭이, 국화 남매를 두고 죽는 것이 한없이 서글펐다. 이때 정철례 권사님이 와서 기도해 주고 딸이 와서 씻겨 주는 등 보살펴 주었다.

20일 금식기도가 끝나고 교회 기도실에 기거하면서 날마다 목사님의 기도를 받았다.

기도를 받기 시작한 3일째 되는 날, 또렷하고 확실한 하나님의 음성이 들려 왔다.

"금식해라, 하루만 더 금식해라."

강한 음성이 들려 오면서 골방 같은 기도실에 10분 정도 환한 불빛이 쏟아졌다. 난 그 불빛이 너무 강해서 소스라치게 놀랐다. 더욱 절규하며 울부짖는 기도를 했다. 그동안 살아오면서 알고 지은 죄, 모르고 지은 죄를 낱낱이 하나님께 고백했다. 그렇게 한 점 부끄럼 없는 회개를 하고 나니 기분이 상쾌해졌다. 난 그 이후, 믿음이나 치유의 기초는 진실한 회개에 있다고 생각하게 되었다.

그 이튿날 목사님의 기도를 받을 때, 또다시 음성이 들려 왔다.

"깨끗하다, 깨끗하다."

단 두 마디 음성이었다. 난 목사님을 찾아가서 "저 이젠 다 나았어요." 하면서 감격의 눈물을 흘렸다.

그 이후로 그 일로 인해서는 20여 년 동안 병원 한번 안 가고 약 한번 먹지 않고 건강한 몸으로 살고 있다. 내가 지금까지 살아 있는 것은 조일래 목사님의 간절한 기도 덕분이며 그분의 따뜻한 보살핌 덕분이라고 생각한다.

앞으로도 미련한 다섯 처녀(마 25:7)처럼 되지 않고 항상 기름을 준비하여 신랑이 올 때 기쁘게 맞이하는 신앙인이 되고자 더욱 열심히 신앙생활을 하려고 한다. 결국 회개와 믿음, 충성이 하늘나라를 가는 유일한 길이 아닐까?

조일래 목사님, 사모님, 수정교회에 더욱 하나님의 축복이 함께 하시기만을 기도드린다.

나에게 다가오신 예수님

어떻게 나의 고민을 아시는지 목사님의 설교 말씀을 통해서 하나님은 해결책을 주시고,
위로하시고, 마음을 어루만지시고, 힘을 주셔서 세상을 힘있게 살아갈 수 있는 자신감을 주셨다.
하나님은 또한 말씀을 통해서 나의 낮은 자존감을 회복시켜 주셨다.

장명희(성도)

"또 여호와를 기뻐하라. 저가 네 마음의 소원을 이루어 주시리로다. 너의 길을 여호와께 맡기라. 저를 의지하면 저가 이루시고 네 의를 빛같이 나타내시며 네 공의를 정오의 빛같이 하시리로다(시 37 : 4~6)."

4월의 따사로운 햇볕이 가로수와 아스팔트와 빌딩들, 그리고 보도블록 위를 걸어가고 있는 나에게도 쏟아지고 있다. 이 빛에 포근함을 느끼며 난 마음속으로 이렇게 기도해 본다.

'하나님, 나의 길을 하나님께 맡기면 하나님께서 이루시고 그 공의를 한낮의 햇빛같이 하신다고 하셨으니 하나님께 나의 길을

맡깁니다. 주님께서 나의 삶을 아름답게 인도해 주시고 주님께 모든 영광을 돌리게 하소서.'

예수님께서 내 마음에 들어오신 것은 새벽이 되면 어둠이 사라지고 세상이 드러나는 것처럼 자연스럽게 일어났다. 천국을 보거나 하나님의 음성을 듣는 신비한 체험은 없었으나 내가 예수님을 영접하고 구원을 얻었다는 사실은 놀라운 일이고, 하나님의 은혜가 아니면 일어날 수 없는 기적 같은 일이었다.

나는 6세 때부터 친구를 따라 교회학교를 다니기 시작했다. 그러나 하나님은 성경에만 계시는 분이며 과학책에 쓰여 있는 것처럼 인간은 우연히 생겨났다고 믿었다. 그런 나에게 주일마다 주시는 하나님의 말씀이 단비처럼 내 영혼을 적셔갔다.

믿어지지 않던 하나님이 중학교에 들어가면서부터 믿어졌다. 중학교 2학년 여름 수련회에서 전도사님의 말씀 가운데 예수님께서 인간을 죄에서 구원하시기 위해 속죄양이 되어 십자가에서 돌아가셨다는 사실이 믿어졌고, 내가 죄가 많은 인간이라는 것이 깨달아지면서 눈물로 지난 죄를 회개하기에 이르렀다. 그리고 예수님을 마음에 영접했다. 그러나 구원의 확신은 고등학교 때 주일학교 선생님을 통해, 그리고 대학교 때 선배 언니가 전해준 말씀을 통해서 얻게 되었다.

"내가 확신하노니 사망이나 생명이나 천사들이나 권세자들이나 현재 일이나 장래 일이나 능력이나 높음이나 깊음이나 다른 아무 피조물이라도 우리를 우리 주 그리스도 예수 안에 있는 하나님의 사랑에서 끊을 수 없으리라(롬 8:38~39)."

"내가 진실로 진실로 너희에게 이르노니 내 말을 듣고 또 나 보내신 이를 믿는 자는 영생을 얻었고 심판에 이르지 아니하나니 사망에서 생명으로 옮겼느니라(요 5:24)."

다시 죄를 범하면 예수님은 떠나가시고 다시 나는 지옥에 갈 수밖에 없다고 생각했는데, 예수님을 한 번 진심으로 영접하면 사망이나 생명이나 다른 어떤 것이라도 나와 하나님과의 관계를 끊을 수 없고, 죄를 회개하면 하나님은 그 즉시 죄를 용서하시고 깨끗케 하신다는 것을 알게 되었다. 그 확실하고 변함없으신 약속의 말씀에 내 마음은 세상에서 맛볼 수 없는 기쁨으로 가득찼다.

하나님을 만난 후 나에게 일어났던 일들을 몇 가지 말씀 드려 본다.

어린 시절 우리 집안 형편은 어려웠다. 겨우 학교를 다닐 정도여서 예쁜 옷은 바라지도 못했고, 비좁은 반지하 방에서 네 식구가 힘겹게 생활했다. 남들에 비해 아름다운 외모와 재능도 없다고 생각했고, 부모님도 내 재능을 개발시켜 줄 경제적 능력이 없다는 것에 절망했다. 활발하지 못한 성격 탓에 마음을 나눌 친구도 많지 않았다. 삶의 의미도, 재미도 못 느꼈다. 죽는 것이 더 좋을 것 같기도 했다. 그러나 하나님이 계시다는 믿음 때문에, 지옥이 있을 것 같아서 실천에는 옮기지 못했다. 만약 내가 하나님을 믿지 않았다면 지금 나는 세상에서 잊혀진 존재가 되었을지도 모른다. 그러나 절망 가운데 있던 나에게 하나님은 감사기도를 하게 하셨고 희망을 알게 하셨다.

고등학교 시절, 아버지는 하시던 가게를 정리하시고 교회 사찰 집사를 맡으셨다. 우리 식구는 교회 사택에서 살게 되었다. 그러나 그곳은 전에 살던 곳과 별반 다를 것이 없었다. 큰 건물에 가려서 햇빛이 안 들어 낮에도 형광등을 켜두어야 하는 춥고 침침한 곳이었고, 방 두 칸에 부모님과 5세 아래의 남동생이 함께 살아야 했다. 화장실도 없어서 교회 화장실을 사용했는데 항상 차려입고 나가 다시피해야 하니 여간 불편한 것이 아니었다. 차라리 달동네 공동 화장실을 사용하는 것이 이보다는 편하리라는 생각이 들었다.

이러한 환경은 사춘기의 예민한 시기에 나의 감추고 싶은 한 부분이 되었다. 사택에 사는 이유로 내 의지와는 상관없이 주일예배는 물론이고 춘계 추계부흥회, 각종 수련회에 참석해야 했다. 그러나 억지로 참석한 집회지만 그때마다 참석하면서 듣는 하나님의 말씀으로 나의 작은 믿음이 조금씩 자라났다. 당시 부흥회에서 하나님은 감사하는 것을 기뻐하시고 감사하는 자에게 더 큰 것을 선물로 주신다는 말씀을 듣고 간절히 기도했던 기억이 난다.

"지금 제 상황에서는 도저히 감사가 나오지 않습니다. 하나님은 감사를 기뻐하신다고 하셨는데 저도 감사할 것이 있었으면 좋겠습니다. 제가 무엇을 감사해야 할까요? 감사할 수 있는 마음을 주세요."

"감사로 제사를 드리는 자가 나를 영화롭게 하시니 그 행위를 옳게 하는 자에게 내가 하나님의 구원을 보이리라(시 50 : 23)."

하나님은 신실하셔서 눈물로 호소하는 나의 기도를 들어주셨다. 부유하지 못한 부모님을 불평했는데, 나를 진심으로 사랑해 주시며 선한 인품으로 진실되게 사시는 분들이 바로 나의 부모님이라는 사실이 감사하게 생각되었다.

길거리에서 하룻밤을 지내는 사람들에 비해 나는 바람을 막을 수 있는, 편히 쉴 수 있는 집이 있다는 것이 또 하나의 감사할 조건이 되었다. 또한 세상을 볼 수 있고, 말할 수 있고, 소리를 들을 수 있다는 것, 동생이 있다는 것, 배울 수 있다는 것, 두 손과 두 발을 마음대로 쓸 수 있다는 것, 진실한 친구들을 만났다는 것, 그리고 좋은 교회에서 하나님의 말씀을 바로 배울 수 있다는 것, 감사할 것이 너무 많아서 얼굴이 눈물로 범벅이 된 채 감사 기도를 오래도록 드렸다. 그 후로는 더 이상 환경이 불평거리가 안 되었고 긍정적인 눈으로 세상을 바라보게 되었다.

하나님은 말씀으로 나와 함께 하셨다. 구원을 확신하게 되면서 주일마다 목사님의 설교 말씀이 바로 하나님께서 나의 사정을 아시고 나에게 직접 하시는 말씀으로 들렸다. 어떻게 나의 고민을 아시는지 목사님의 설교 말씀을 통해서 하나님은 해결책을 주시고, 위로하시고, 마음을 어루만지시고, 힘을 주셔서 세상을 힘있게 살아갈 수 있는 자신감을 주셨다.

하나님은 또한 말씀을 통해서 나의 낮은 자존감을 회복시켜 주셨다. 하나님의 말씀 가운데 첫째 계명이 네 마음을 다하고 목숨을 다하고 뜻을 다하고 힘을 다하여 주 너의 하나님을 사랑하라는 것이고, 둘째는 네 이웃을 네 몸과 같이 사랑하라는 것인데 나는 내 자신조차 사랑할 수 없었다. 하나님은 상처 치유 세미나를 통해 알게 하셨다. 예수님도 나와 같은 분이셨다는 것을……

"그는 주 앞에서 자라기를 연한 순 같고 마른 땅에서 나온 줄기 같아서 고운 모양도 없고 풍채도 없은즉 우리의 보기에 흠모할 만한 아름다운 것이 없도다. 그는 멸시를 받아서 사람에게 싫어 버린 바 되었으며 간고를 많이 겪었으며 질고를 아는 자라. 마치 사람들에게 얼굴을 가리우고 보지 않음을 받는 자 같아서 멸시를 당하였고 우리도 그를 귀히 여기지 아니하였도다(사 53 : 2~3)."

"너의 하나님 여호와가 너의 가운데 계시니 그는 구원을 베푸실 전능자시라. 그가 너로 인하여 기쁨을 이기지 못하여 하시며 너를 잠잠히 사랑하시며 너로 인하여 즐거이 부르며 기뻐하시리라 하리라(습 3 : 17)."

하나님께서 사랑하시는 내가 존귀하게 느껴졌다. 말씀으로 인해 지금 현재의 내 모습을 사랑할 수 있었고 교회의 형제, 자매들도 모두 예쁘고 멋지게 보였다.

하나님은 신실하게 나의 기도에 응답하셨다. 초등학교 때부터 알레르기성 비염 때문에 코가 막혀서 숨을 쉬거나 말하기가 힘들 때가 많았다. 감기에라도 걸리면 코가 심하게 막혀서 숨을 쉴 수 없어 죽을 것만 같았다. 그때마다 간절히 기도하면 하나님은 놀랍게도 숨을 편하게 쉴 수 있도록 해주셨다. 계속 기도하자 하나님은 완전히 고쳐 주셔서 지금은 정상적으로 생활하고 있다.

하나님은 죽마고우인 두 친구가 함께 신앙생활 할 수 있는 축복도 주셨다. 많은 전도의 열매를 맺은 분들에 비하면 아무것도 아니지만, 나에게는 너무나 소중한 친구들이기에 함께 주님을 믿게 된 것이 감사할 뿐이다.

대학 다닐 때 선교 단체를 통해 홍콩 단기선교에 참여한 적이 있었다. 홍콩이 중국에 반환되기 전에 집중적인 전도를 하기 위한 선교여행이었는데 참가비가 70만 원이었다. 나에게는 너무나 부담스런 액수였다. 1학기 내내 여름에 갈 전도여행 경비를 위해 계속

기도했다. 그러자 교회와 여러 사람들의 후원, 그리고 뜻하지 않은 장학금을 통해 70만 원보다 훨씬 넘게 두 배나 채워지게 되었다. 이 일을 통해 하나님은 당신의 일을 하기 위해 기도할 때 신실하게 응답하신다는 것을 명확히 알게 되었다.

그 후 간호사로서 병원에서 일할 때도 하나님은 언제나 나를 도와주셨다. 수술실에서 근무했는데, 수술이라는 상황은 질병 치료의 가장 중요한 부분으로 정확성과 신속함, 능숙한 기술이 요구되는 과정이다. 또한 환자가 최고의 수술을 받을 수 있도록 모든 환경을 조성하고 관리해야 하는 중요한 역할을 담당한다.

빈틈없이 일하려고 노력하고 긴장하지만 때로는 실수를 할 때도 있었다. 그럴 때면 내 자신이 한없이 작게 느껴지고 이루 말할 수 없이 괴로웠다. 그러나 기도하는 가운데 자연스럽게 어려운 상황이 해결되는 놀라운 일들을 경험할 수 있었다. 또한 주님의 도우심으로 계획했던 3년의 병원생활을 무사히 마칠 수도 있었다.

이처럼 나와 함께 하시는 하나님을 묵상하니, 나는 그분께 해드린 것이 없고 아직도 너무나 철없는 아이같이 바라기만 하는 신앙인 것 같아 부끄러움에 고개를 들 수가 없다.

신랑되신 주님을 사모하며 부족하지만 주님이 사용하실 수 있는 깨끗한 그릇이 되길 소망한다. 그리고 내 안의 주님만이 영광 받으시기를 기도한다.

주일학교 교사 직분을 얻기까지…

나를 죄악에서 건져 주신 하나님의 은혜에 눈물이 앞을 가릴 뿐 아니라 전에는
느끼지 못했던 평안이 마음속에 찾아왔다. 그 후 내 삶에 놀라운 일들이 일어나기 시작했다.
그렇게 즐기던 술과 담배, 여러 가지 나쁜 습관들을 멀리하게 되었다.

전하희(안수집사)

나는 초등학교 시절 내내 주일학교를 다니며 하나님을 믿었지만 중학생이 되면서부터 교회를 등한시하다가 군대 갔다 오고 사회인이 되면서부터는 교회에 나가지 않고 세상 속에서 방황하며 살았다.

술과 담배로 찌든 생활과 하나님이 아닌 내가 주인이 되어 내 판단과 주관대로 하루하루를 살았다. 그래서 작은 어려움이 와도 쉽게 좌절했다.

세상을 내 힘으로 살아보고자 체력 단련을 위해 태권도장에도 다녔지만 잘 먹지 못하고 무리한 운동과 술로 인해서인지 죽은 피가 응고되어 다리가 퉁퉁 부어올랐고 위장병에다 영양실조에 악

성 빈혈까지 겹쳤다. 이렇게 힘들게 살 바에는 죽어 버리는 것이 낫다고 생각하고 어두운 하숙방에서 자살을 생각한 적이 한두 번이 아니었다.

그러던 내가 예수님을 다시 만나게 된 것은 1978년 9월쯤이었다. 주일에 양평동 하숙방에 누워 있는데 어릴 적 주일학교 때 듣던 말씀과 지난 추억들이 떠오르면서 교회에 가고 싶은 생각이 불현듯 일었다. 그러나 소규모 사업장에 근무할 때라 매월 첫 주와 셋째 주밖에 쉬지 못하여 매번 주일을 지키기는 어렵겠다는 생각에 누워서 기도만 드렸다.

"하나님! 저 교회에 나가고 싶습니다. 주일을 지킬 수 있는 회사로 가게 해주시면 다시 교회에 나가겠습니다."

그러나 하나님에 대한 생각보다 세상 생각이 더 많은 때라 기도하기가 쉽지 않았다. 그런데 어렵게 기도한 지 1주일 만에 친구의 소개로 마포에 있는 동일전기주식회사에 입사하게 되었다. 그 후 나는 하나님과 약속한 대로 교회를 찾던 중, 둘째 형님과 형수님이 다니는 수정교회를 나오게 되었다.

당시 나는 교회는 착하게 살기 위해 다니는 것으로만 생각했다. 그런데 교회의 청년 성경공부반에서 4영리에 대해 공부하면서 착하게 산다고 천국 가는 것이 아니라 인간의 죄를 대신하여 십자가에 못 박혀 죽으시고 부활하신 하나님의 아들 예수 그리스도를 믿고 영접해야만 하나님의 자녀도 되고 천국에 갈 수 있다는 사실을 알게 되었다.

나는 청년회에서 받은 4영리 전도지를 가지고 하숙집에서 무릎을 꿇고 전도지에 적혀 있는 대로 예수님을 영접하는 기도를 수십

번도 더 드렸다.

"예수님! 저도 주님을 믿고 싶습니다. 지금 제 마음을 열고 예수님을 제 구주로 영접합니다. 제 삶의 중심에 오셔서 저의 모든 죄를 사하여 주소서. 저를 다스려 주시고 주님의 뜻대로 살도록 도와주소서. 아멘."

그런데 예수님을 다시 구주로 영접한 이후부터 그렇게 즐기던 담배, 술 등 나쁜 습관들과의 영적 전쟁이 시작되었다. 몇 번인가 금주, 금연을 시도했지만 며칠 못 가 실패한 적이 한두 번이 아니므로 나는 하나님께 기도할 수밖에 없었다.

"하나님, 저에게 믿음을 주세요. 믿음은 하나님의 선물이라고 말씀하셨지 않습니까? 저에게 믿음의 선물을 주세요. 그리고 제 힘으로는 술과 담배를 끊을 수가 없으니 이 나쁜 습관들을 끊을 수 있도록 힘을 주세요."

그러나 환란이 다시 시작되었다. 회사에서 작업을 하다가 그만 오른손이 기계에 딸려 들어가 셋째, 넷째 손가락이 절단되는 사고를 당하게 되었다.

나는 병원 수술실에서 의사 선생님과 회사 과장 등 만나는 모든 사람들에게 눈물을 흘리며 제발 손가락이 붙을 수 있도록 해달라고 애원했다. 의사 선생님은 걱정하지 말고 수술을 받으라고 안심시켜 주었다.

마취 주사를 맞자 잠에 빠졌다. 시간이 얼마나 흘렀을까? 마취에서 깨어 눈을 떠보니 다친 손은 깁스가 되어 있었다. 손을 보니 손가락은 그대로 붙어 있었지만 의사 선생님 말씀이 손가락이 많이 상해서 며칠 후 재수술을 해야 한다고 했다. 가슴이 철렁했다.

나를 이 세상에 보내신 하나님의 뜻이 무엇일까 생각하며 나는 다급한 마음에 기도를 드렸다.

기도 중에 불현듯 며칠 전, 지금은 목사님이 되신 이종호 부장집사님과 교회학교 총무로 수고하셨던 원천회 장로님의 둘째 형수께서 교사로 봉사하라고 권유했던 일이 생각났다. 마지못해 하겠다고 대답은 했지만 아침 일찍 일어나는 것이 습관이 안 되어 차일피일 미루고 있었다.

나는 "하나님, 손가락을 온전하게만 해주시면 퇴원 후 교사 직분을 맡아 열심히 하겠습니다." 하고 기도드렸다.

그런데 3일째 되는 날, 저녁을 먹고 조금 있자 갑자기 몸에 열이 나고 수술한 손가락에 통증이 오면서 퉁퉁 부어올랐다. 통증은 밤 12시가 넘어서까지 계속되었다. 나는 견딜 수 없어서 침대에 엎드려 울면서 기도했다. 그런데 갑자기 지난날 알게 모르게 지은 죄들이 생각나 눈물 콧물이 범벅이 된 채 회개의 기도를 드리게 되었다. 그렇게 한참 기도하자 견딜 수 없던 통증이 사라졌다. 나는 "하나님 감사합니다. 감사합니다." 하고 기도를 드리며 3시쯤 잠이 들었다.

다음날 아침, 의사 선생님이 손을 풀고 손가락을 움직여 보라고 하셔서 움직이자 고개를 갸우뚱거리며 재수술을 안 해도 된다고 했다. 나는 하나님께 감사의 기도를 드렸다.

나는 손을 다치기 전까지는 회사에서 식사할 때 식사 기도를 드리지 못했던 연약한 믿음이었으나 이때부터 식사할 때는 물론, 약을 먹을 때도 하나님께 감사 기도를 드렸다. 또 병상에서 성경말씀을 읽을 때마다 나를 죄악에서 건져 주신 하나님의 은혜에 눈물이 앞을 가릴 뿐 아니라 전에는 느끼지 못했던 평안이 마음속에 찾아왔다.

그 후 내 삶에 놀라운 일들이 일어나기 시작했다. 그렇게 즐기던 술과 담배, 여러 가지 나쁜 습관들을 멀리하게 되었다.

퇴원 후 물리치료를 위해 병원을 찾았을 때 수술에 참여했던 인턴 의사가 하는 말이, 나를 따라 병원에 왔던 회사 과장이 내가 손가락이 절단되면 비관하여 자살할지도 모르니 일단 붙여 놓자고 했다는 것이다. 그래서 가능성은 없지만 나중에 정 상태가 좋지 않으면 그때 절단하더라도 일단 붙여 놓자고 한 것이 좋은 결과를 낳았다는 말을 듣고 하나님께서 그렇게 나를 도우셨다는 생각에 감사 기도가 절로 나왔다.

퇴원 후 교사로 봉사했지만 또 갈등이 생겼다. 교사를 하기 전에는 친구들과 주일에 등산을 부담 없이 따라갔었지만 이제는 갈 수가 없게 된 것이다. 갈등 속에서 주일예배를 드릴 때, 당시 전도사님이셨던 조일래 목사님께서 마태복음 10장 37절 말씀으로 설교하셨다.

"아비나 어미를 나보다 더 사랑하는 자는 내게 합당치 아니하고 아들이나 딸을 나보다 더 사랑하는 자도 내게 합당치 아니하고"

세상 친구나 친척을 하나님보다 더 사랑하면 나도 죽고 친구도 죽고, 친구를 버리고 먼저 하나님을 사랑하고 따르면 나도 살고 친구도 산다는 말씀을 듣는 순간 가슴이 뜨거워졌다. 이 말씀은 방황하는 나에게 주시는 말씀이었다. 나는 마음속으로 감사 기도를 드렸다.

"내 마음과 생각을 감찰하시는 하나님! 감사합니다. 이제부터는 하나님만을 따르겠습니다."

지금까지 불편하던 마음을 회개하자 마음속에 세상적인 갈등은 사라지고 평안이 찾아왔다.

그 후 나는 봉합된 손가락을 볼 때마다 귀한 교사의 직분을 성실히 이행해야겠다는 생각을 하게 된다.

벌써 교사를 20년째 하고 있지만 부족한 나를 쓰시는 하나님께 항상 감사드리며 순종이 제사보다 귀함을 깨닫고 있다. 그동안 함께했던 어린이들이 성장하여 수정교회에서 각자의 달란트대로 귀하게 쓰임 받는 것을 볼 때 보람을 느끼며 교사로 봉사하게 하신 하나님께 다시 한 번 감사드린다. 부족하지만 하나님께서 부르시는 그날까지 교사의 직분을 놓지 않으리라 다짐도 하게 된다.

지나온 삶을 돌아볼 때 주님의 사랑을 너무 많이 받았음을 깨닫게 된다. 그리고 부족한 나에게 하나님의 사랑과 은혜를 알도록 이끌어 주신 조일래 목사님께 감사드린다.

"너희 속에 착한 일을 시작하신 이가 그리스도 예수의 날까지 이루실 줄을 우리가 확신하노라(빌 1:6)."

항상 함께 하시고 동행하시는 주님! 사랑합니다.

아이가 우리 따라 지옥에 가겠다는데…

나에게 큰아이가 이불을 뒤집어쓴 채 울면서 말했다.
"엄마, 나 이제 교회 안 다닐 거야. 나랑 희선이만 천국 가고 엄마 아빠는
지옥에 갈 텐데, 그냥 교회 안 가고 엄마 아빠 따라 지옥에 갈 거야."

정선영(집사)

나의 신앙적 배경을 말하자면, 시댁은 장로님도 계시고 할머님까지 모두 하나님을 믿는 기독교 가정이었고 친정은 친정어머니께서 때마다 부적을 붙여야만 안심을 하시는 믿지 않는 가정이었다. 이러한 양면적 환경을 가진 나는 시댁에 가면 예배를 드리고 친정에 가면 제사를 지냈다.

큰아이가 5세 되던 1989년 여름, 대림동으로 이사를 왔다. 이사 오던 둘째 주일부터 3층에 살고 계시던 김심순 집사님께서 우리 큰아이를 데리고 주일학교에 가주셨다. 3세 된 작은아이가 막무가내로 언니를 따라가겠다고 졸랐다. 동생은 언니를 잘 따르고 언니는 동생을 유난히 귀여워하는 사이인지라 수정교회를 둘이서 열

심히 다녔다.

주일에 교회를 다녀오면 얼마나 좋아하는지, 교회에서 배운 찬양과 율동을 하고 한참을 그렇게 재잘거리다가 점심을 먹곤 했다. 동네 아이들을 모두 몰고 다니던 큰아이는 머리 긴 여자친구를 데리고 와서 머리를 손질해 달라고 떼쓰고는 예쁘게 단장시켜서 교회를 함께 가는 것이었다.

그런데 어느 날, 이상한 일이 일어났다. 여느 날과 다름없이 동네 친구들을 우르르 몰고 교회에 다녀온 아이의 모습이 평소와 달라 보였다. 시무룩하고 힘이 없었다.

"교회에서 싸웠니? 아니면 선생님께 혼났니?"

아무리 물어도 묵묵부답이었다. 답답한 마음에 화를 내보아도 입을 다물고 있는 아이가 심상치 않아 보였다. 슬픈 표정을 지은 채 점심도 먹지 않고 자기 방에 틀어박혀 꼼짝도 하지 않는 아이가 마음에 걸려 우리 부부는 눈치만 보고 있었다.

몇 시간이 흘러 오후 4시쯤 되었을 때, 아이가 편지 한 장을 불쑥 내밀고는 자기 방으로 달아났다.

엄마, 아빠 사랑해요.
나는 엄마 아빠 없이는 못 살아요.
그런데 전도사님께서 엄마 아빠를 볼 수 없대요.
나는 엄마 아빠랑 헤어지기 싫어요.

도대체 이게 무슨 말인가? 편지만으로는 내용을 이해할 수가 없어서 아이를 불러 차근차근 물어보았다. 주일학교에서 천국과 지옥에 대해 배운 것이었다. 예수를 믿어야만 천국에 갈 수 있고 예수를 믿지 않으면 지옥에 간다는 얘기를 들은 것이다. 아이는 전도사님께 질문을 했다고 한다.

"천국에 있는 사람이 지옥에 가보고 싶으면 갈 수 있나요?"

"아니다. 천국에 간 사람은 지옥을 가보고 싶어도 갈 수 없단다."

아이는 그 이야기를 듣고 충격을 받은 것 같았다.

'엄마 아빠는 교회를 다니지 않으니 분명히 지옥에 갈 텐데, 엄마 아빠가 보고 싶으면 어떡하지?'

슬픔에 빠진 채 얼굴 가득 어두운 그림자를 드리운 아이를 보면서 우리 부부는 슬며시 웃음이 나왔다.

다음 주일이 되자, 교회 가라고 아무리 깨워도 아이가 일어나지 않았다. 평소에는 늦잠을 잘 줄 모르는 아이였지만 나는 억지로 깨우지 않았다. 주일이면 동생은 물론 친구들까지 챙겨야 하기 때문에 더욱 부지런을 떨던 아이가 꼼짝도 하지 않았다. 이마를 짚어 보니 열도 있었다. 난 아픈 것 같아 교회를 보내지 않았다. 그리고 아이도 별 말 없이 그렇게 1주일을 보냈다. 그런데 그 다음 주일에 사건은 벌어지고 말았다.

"옥선아, 일어나서 교회 가야지?"

아이는 또 일어나지 않았다. 작은아이가 교회 간다고 서성거려서 머리를 빗겨 주고 있는 나에게 큰아이가 이불을 뒤집어쓴 채 울면서 말했다.

"엄마, 나 이제 교회 안 다닐 거야. 나랑 희선이만 천국 가고 엄마 아빠는 지옥에 갈 텐데, 그냥 교회 안 가고 엄마 아빠 따라 지옥에 갈 거야."

난 그 말을 들으니 갑자기 착잡해졌다. 안방으로 건너가 남편에게 자초지종을 말했다.

"아이가 우리 따라 지옥에 가겠다는데, 천국과 지옥이 있는지 알 수는 없지만 우리가 아이 따라 천국 가기로 해요."

그렇게 빈껍데기 같은 우리 부부에게 주님은 찾아와 주셨다. 아이의 맑은 눈이 우리 부부의 반사경이 되게 하신 주님! 그렇게 여린 손에 이끌려 우리는 주님 전을 찾았다.

1989년 후반기부터 교회를 다니기 시작했는데 1991년 부흥회가 크게 열렸다. 지금 생각해 봐도 그때처럼 크게 다가왔던 부흥회는 없었던 것 같다. 2년 가까이 교회를 다녔지만 이중적 신앙생활을 해오던 내게 부흥회는 하나님께 더욱 가까이 가는 기회가 되었다.

"아무리 바쁜 직장인들이라 해도 '당신 3일 동안 입원하지 않으면 죽습니다.'라는 의사의 진단이 내려진다면 입원하지 않을 사람이 얼마나 있을까요?"

조일래 목사님의 말씀은 내 가슴에 깊이 와서 박혔다. 신앙생활에 회의가 올 때쯤이기도 했고 친정어머니의 핍박도 심할 때였다.

'그래, 한번 해보는 거야. 모든 것을 긍정적으로 받아들이고 3일 동안 참석해 보자.'

나로서는 대단한 결심이었다. 난 정성을 다해 간절한 마음으로 부흥회에 참석했다.

"하나님! 살아 계시다면 저에게 보여 주세요. 더 이상 방황하지 않도록 보여 주세요."

난 절실했다. 둘째 날부터 성령님께서 내게 찾아오셨다.

"매듭을 풀라! 십자가를 이루라!"

이것이 무슨 말인가? 아무리 생각해 봐도 내게 매듭이란 없는 것 같았다. 그래도 혹시나 하는 마음에 시어머님께 전화를 드려 보았다. 평소에 남편과 시부모님과 형제들 사이에 보이지 않는 갈등이 있는 느낌을 받았다.

전화를 하면 불편해 하시던 시어머님께서 그날은 다르셨다. 친절히 이것저것 물어보시며 사랑으로 대해 주셨다. 난 가벼운 마음으로 저녁 집회에 갔고, 뜨거운 기도가 시작되었다. 김심순 집사님께서 내 앞줄에 앉아 기도하고 계셨다. 그때 주님께서 김심순 집사님의 등에 영상으로 뭔가를 보여 주셨다.

잠시 성락교회를 다니며 구역장과 지구장들을 힘들게 하고 피해 다니던 내 모습을 그대로 보여 주셨다. 김심순 집사님께서 남편과 옥선이, 희선이, 그리고 나를 위해 낱낱이 기도하시는 모습도 보여 주셨다.

"주님! 용서해 주세요. 주의 종의 수고를 헌신짝처럼 취급해 버린 죄, 우리 가정을 위해 중보기도 해주시는 뜨거운 사랑을 몰랐어요. 주님! 용서해 주세요."

어디서 그렇게 많은 눈물이 흘러나오던지……. 기도도 잘 하지 못하던 나는 그렇게 뜨거운 회개의 기도를 마치고 교회를 나와 김심순 집사님을 기다렸다.

"집사님! 감사하고 고마웠어요. 저도 남을 위해 기도하는 사람이 되겠습니다."

집사님께서는 "아니에요. 하나님께서 옥선 엄마의 마음을 다 아시고 계세요. 어서 들어가세요."라고 환한 미소를 지으며 댁으로 가셨다.

셋째 날, 이미 뜨거워진 내 마음은 성령으로 촉촉이 적셔졌다.

"주님, 옥선이가 어릴 적부터 어려운 환경 때문에 치료받지 못해서 축농증이 심합니다. 고쳐 주세요."

남편과 나란히 앉아서 기도하는데 갑자기 무언가가 내 머리를 휙 감싸더니 코를 통해 쑥 빠져나왔다. 그 순간, 그렇게 시원할 수가 없었다.

눈을 떠보니 계란 흰자위 2개쯤 떨어뜨려 놓은 것 같은 투명하고 맑은 액체 한 덩이가 눈앞에 놓여 있었다. 기도하는 남편을 툭툭 쳐서 확인하게 하고 우리 부부는 더욱 열심히 기도를 드렸다.

"매듭을 풀라! 매듭을 풀라."

남편이 어떤 기도를 하고 있는지는 알 수 없었지만 남편의 기도의 응답을 내게 주신 것처럼 내 입에서 그런 말이 나왔다. 나는 너무나 오랫동안 고생하고 있는 남편의 위장병을 치료해 주시기를 기도했다. 구토가 나고 비위가 상하며 깨질 듯 머리가 아팠다.

"주님! 제 욕심이었어요. 그만 거두어 주세요. 주님의 때를 기다리겠습니다."

차츰 안정을 되찾을 수 있었다. 늦은 밤, 설레는 마음으로 귀가한 우리 부부는 옥선이가 자는 방을 열어 보았다. 잠결에 찬바람이 드는지 뒤척이던 아이에게서 병 따는 듯한 소리가 코로부터 나오는 소리를 우리 부부는 정확하게 들을 수 있었다. 우리는 두 손을 꼭 잡았다. 할렐루야!

다음날부터 1주일 동안 아이의 코에서 콧물이 줄줄 흐르더니 깨끗하게 치료되었다. 우리는 아이에게 지금까지 일어났던 일을 설명해 주고 새벽기도회에 데리고 갔다. 7세가 될 때까지 아이가 모은 깡통 저금통, 그것은 아이가 가진 물질의 전부였다. 아이는 돈보다도 캐릭터들이 잔뜩 그려진 저금통을 무척 좋아했다.

그날 새벽, 아이는 저금통을 예쁘게 포장하여 전부 하나님께 드렸다. 나도 몇 푼 안 되는 패물이지만 모두 바쳤다.

주님께서는 여러 모양으로 내게 확신을 주셨고, 이제는 내 믿음으로 확고히 설 수 있게 되었다.

성락교회를 다니며 너무도 마음 고생을 시켜 드렸던 이름도 기억하지 못하는 구역장님께 사죄하고 싶은 마음에 만나게 해달라고 기도만 드리고 있었는데 이어지는 초청주일에 그분을 만날 수 있었다. '환영합니다'라는 띠를 두르고 안내를 하고 있던 나는 얼마나 반가웠던지 구역장님의 손을 잡고 이야기를 나누었다.

"이렇게 열심히 봉사하시는 모습을 보니 저도 기뻐요."

그분은 그렇게 말씀하시고는 성함도 가르쳐 주시지도 않고 가버리셨다. 그 이후 다시는 그분을 뵐 수가 없었다.

친정어머니의 핍박은 날로 심해져서 어머니와 남편과의 관계까지도 좋지 않아졌다. 옥선이가 초등학교 3학년이던 어느 날, 외갓집에 아이를 맡기고 우리 부부가 잠깐 나갔다 온 사이 친정어머니께서 아이에게 이렇게 말했다고 한다.

"옥선아! 교회 다니면 공부도 못하고 좋은 대학에도 갈 수 없단다. 할머니는 우리 옥선이가 서울대학에 갔으면 좋겠다."

아이는 서울대학에 대한 개념도 없었지만 그날 결심을 했는지 며칠이 지난 뒤 말했다.

"엄마, 난 꼭 서울대학에 갈 거예요."

"옥선아, 왜 그런 생각을 했어?"

"꼭 그렇게 해야 해요. 그리고 내가 서울대학에 합격하면 엄마에게 먼저 안 올 거예요. 외할머니에게 먼저 가서 합격했다고 말씀드리고 할머니가 졌으니까 이젠 저랑 교회 가요, 라고 말씀드릴거예요."

나는 아이의 말에 뜨거운 감사의 기도를 할 수밖에 없었다. 이후 아이들의 선하고 바른 행동은 외할머니의 핍박을 많이 잠재웠고 교회 다니는 것, 주님을 모시는 것을 인정하시게 되었다. 이모셋도 모두 열심히 교회를 나가게 되었다.

벌써 아이는 고3이 되었다.

"주님! 당신의 뜻이 계실 줄 압니다. 분명 당신은 저희 친정에 화평을 내려 주실 줄 믿습니다."

큰 오빠는 교회를 나가지는 않지만 인터넷에 가족 카페(Cafe)를 만들고 '기도합시다'라는 작은 방을 통해 먼저 가족들의 기도 제목을 위해 기도하는 내용을 올린 후 마지막에 '아멘.' 하고 끝맺음을 한다. 정말 놀라지 않을 수 없다.

이제 남은 몇 개월 후, 옥선이가 입시를 치른다. 나는 믿는다. 어리석은 인간의 생각을 깨우치고 하나님께서 옥선이 손에 할머니 손을 힘껏 쥐게 해주실 것을……

'주여! 많은 한숨과 눈물로 회개하기보다는, 큰 소리로 기도하며 하루를 마치기보다는 순종함으로 생활 속에서 그리스도의 향기를 발하며 당신께 사랑을 고백하게 하소서. 그리하여 당신 안에 화평을 이뤄내는 도구로 사용되게 하소서. 아멘.'

주님, 제 남편을 꼭 장로로 만들어 주세요

목사님께서는 십일조 설교를 너무나 진지하게 하셨다. "십일조 내느라 연탄을 못 사면
냉방에서 주무시고, 십일조 내느라 쌀을 못 사면 라면을 먹고, 그것도 못 사면 굶으십시오.
십일조 내느라 밥을 굶는다면 우리 하나님은 절대 그냥 두시지 않습니다."

정정자(권사)

지난날 하나님께서 나와 함께 하신 일들을 생각하면 그것이 크든 작든 나에게는 어려움을 헤쳐나가는 소중한 자산이 되었다. 그가 베푸신 모든 은택을 우리 교우들에게는 물론, 예수를 믿지 않는 사람들에게도 알려야 할 의무가 있다고 생각한다.

나는 수정교회 조동제 장로의 아내 정정자 권사이다. 우리나라 남쪽 가장 끝자락인 거제도 둔덕면 호곡이라는 작은 바닷가 마을에서 3남 4녀의 막내로 태어났다. 그리고 열심히 새벽 제단을 쌓으시는 장로님 아버지와 권사님 어머니 밑에서 신앙생활하며 자랐다.

어머니는 "네가 이 땅에서 행복하게 잘 살려면 예수 잘 믿고 신앙생활 열심히 잘해라. 그러면 틀림없이 복받고, 죽어서는 천국 간

다." 하시며 입만 열면 그 말씀을 하셨다.

아버지도 "결혼해서 일등 남편 만들고 싶으면 장로를 만들어라. 딴짓 하라고 해도 못한다. 성실하게 돈 잘 벌고 애들한테는 좋은 아버지가 되게 되어 있다." 하시며 늘 말씀하셨기에 나는 결혼을 한 날부터 친정아버지의 그 말씀이 생각나서 새벽 제단을 쌓으며 하나님께 간절히 기도했다.

"주님, 제 남편을 꼭 장로로 만들어 주세요."

1977년, 나는 강남구 논현동에서 다섯 살, 네 살, 두 살 난 딸 셋을 데리고 교사, 성가대, 구역장까지 하며 영동OO교회 집사로 열심히 신앙생활을 하고 있었다.

당시 조일래 전도사님께서 고향 친척 아저씨 집인 우리 집으로 인사차 찾아오셔서 우리도 답례로 개척교회 목회를 하시는 조일래 전도사님을 찾아갔다. 가보니 대림 2동 2층 홀 10여 평에서 20여 명의 성도가 모이는 수정교회를 담임하고 계셨다.

교회를 올라가는 계단이 너무 좁아 한 사람만 겨우 올라갈 수 있었고, 사택은 합판과 스티로폼으로 교회 안에 임시로 만들었는데 추위로 성에가 생겨 온통 곰팡이가 났고 장롱도 없고 옷 서랍장 한 개만 놓여져 있었다.

너무 고생하시는 조일래 전도사님을 보고 집으로 돌아오는 길에 내내 '저렇게 고생할 분이 아닌데 왜 신학교에 가겠다고 해서 부모님의 도움 하나 받지 못하고 미움을 받아 저 고생을 하는지!' 하는 생각이 머리 속에서 떠나지 않았다.

사모님도 몸조리도 제대로 못하고 먹을 것이 없어 친정에서 도움을 받아 하루하루 사는 것을 보니 마음이 너무 쓰리고 아팠다.

"거제도에서 큰 인물 하나 나올 거라고 그렇게 기대했던 양반인데 참 이해가 안 가네. 머리도 좋고 정말 모범생이었는데…… 대체 공부를 몇 년 한 거지? 대학원까지 나와서 또 신학대학원, 정말 이해가 안 되지만 우리라도 수정교회 나가야겠다."

남편은 그렇게 말했다. 나는 아이들 셋을 데리고 교회를 너무 멀리 다닐 수 없다고 펄쩍 뛰며 반대했지만 남편은 한 말씀의 설교를 들어도 인격을 갖춘 조일래 목사님께 듣겠다며 그 뜻을 굽히지 않았다. 나는 강남에 크고 좋은 교회가 얼마나 많냐며 설득했지만 소용이 없었다.

수정교회 간다면 교회에 같이 나가고 아니면 교회도 안 가겠다고 하면서 남편은 완강했다. 나를 설득하려고 그렇게 말하겠지, 했는데 남편은 정말로 여러 가지 핑계를 대며 주일날 직장에 가버리곤 했다. 나는 고민하다가 그러면 수정교회 가면 주일날 아무리 바쁜 일이 있어도 직장에 안 갈 거냐고 물었다. 남편은 그러겠노라고 했다. 그렇게 해서 우리 부부는 적은 십일조 헌금이지만 조 전도사님께 힘이 되게 하자며 마음을 합하여 멀고 먼 수정교회로 나오게 되었다.

승용차도 없던 시절이라 올망졸망한 아이들과 함께 버스와 지하철을 번갈아 갈아타면서 수정교회를 열심히 나갔다. 그러는 동안 세례도 받고 집사도 되고 목사님의 축복기도로 소원하던 아들도 하나님께 선물로 받게 되었다.

나는 임신 중에도 여전히 회장을 맡아 심방도 하고 구역장으로 봉사했는데, 한번은 조일래 목사님을 따라 지하방에서 어렵게 살고 계시는 집사님 댁을 심방하게 되었다. 그런데 다른 집 심방 때는 15분 정도 시간이 소요됐는데, 그 집사님 댁에서는 예배가 30분 이상 길어졌다.

목사님께서는 십일조 설교를 너무나 진지하게 하셨다.

"십일조 내느라 연탄을 못 사면 냉방에서 주무시고, 십일조 내느라 쌀을 못 사면 라면을 먹고, 그것도 못 사면 굶으십시오. 십일조 내느라 밥을 굶는다면 우리 하나님은 절대 그냥 두시지 않습니다."

열심히 무릎을 꿇고 설교하시는 모습을 보면서 참으로 진짜 목사님이시라는 생각이 들었다. 그날 나는 진실한 목자를 만나게 해주신 하나님께 감사 기도를 드렸다.

우리 집에서는 가정예배를 드리면서 자녀들에게 조일래 목사님을 섬기며 신앙생활하면 천국은 무조건 가게 되어 있다며 세상 모든 목회자가 조 목사님과 같다면 얼마나 이 세상이 아름답고 살만한 세상이 되겠느냐며 늘 목사님 이야기를 강조했다.

목사님 뒤에서 뜨거운 기도와 전도로 본을 보이며 늘 밝은 미소와 헌신적인 심방으로 목사님을 내조하시는 이은자 사모님도 교회 부흥에 결정적인 힘이 되셨다.

교회는 부흥되어 가서 근처 길 건너 2층의 100평 장소로 이전하게 되었다. 그래도 앉을 자리가 모자라자 목사님은 교회 땅을 사기 위해 기도하게 되었다.

하나님은 수정교회가 땅을 사고 교회를 짓도록 큰 역사를 계획하셨다. 목사님은 예배 시간마다 하나님께 간절히 기도하셨다. 당시 수정교회 교인 중에 큰 부자도 하나 없어 인간적인 눈으로 본다면 불가능한데도 하나님은 기도를 들어주셔서 일을 몰아붙이도록 하셨다. 재정적인 능력이 없는 월급쟁이 남편 조 집사에게 건축위원장을 맡으라고 해서 순종하기로 했지만 며칠 밤을 설치면서 "하나님 도와주세요." 하고 기도할 수밖에 없었다.

이 일에 매진하기로 하고 싸고 좋은 땅을 탐색하던 중 지금의 본당이 있는 땅 200여 평을 서울시 체비지 매각공고를 보고 입찰에 참여하게 되었다.

결과를 보기 위해 시청에 있는 게시판에서 낙찰받은 것을 확인하고 우리 부부는 손을 꼭 잡고 수정교회와 함께 하시는 하나님께 감사하며 들뜬 마음으로 수정교회로 향했는데, 마침 그날은 금요일이라 심야기도 시간에 온 성도가 이 소식을 기다리고 있었다.

100평 홀에 가득 모여 기도에 힘쓰는 모습들이 초대교회의 모습을 보는 듯 열정적으로 보였다. 낙찰받은 것을 보고하자 큰소리로 할렐루야를 외치던 성도들의 목소리가 지금도 생생히 들려오는 듯하다.

돈이라고는 대림 2동 100평 홀의 보증금이 전부이므로 논현동 우리 집을 상호신용금고에서 최대한 많이 담보해서 대출을 받았다. 온 성도가 한마음으로 담보나 헌금으로 땅값을 미리 지불하게 되니 20%를 할인 받는 축복까지 받았다. 1986년, 드디어 지하를 파고 건축을 시작했다.

정말 기적 같은 일들을 경험하면서 하나님의 살아 계심과 수정교회와 조일래 목사님을 사랑하시는 하나님을 확실히 경험하는 계기가 되었다.

레미콘을 부어야 하는데 돈이 없어서 고민하던 중 친척 중에 성심레미콘 책임자가 생각나서 밤에 전화를 걸어 부탁하니 외상으로 주겠다고 해서 레미콘 타설공사를 하게 되었다. 이러한 수많은 일들을 돈도 없이 해나갔지만 오히려 그런 어려움 가운데서 남편 조 집사의 믿음은 더욱 커져 갔다.

꿈같이 아름다운 수정교회가 세워지자 이 일에 남편이 건축위원장으로 쓰임받은 것이 너무 감사했다. 하나님은 결혼 초기 때부터 기도했던, 남편을 장로로 만들어 달라고 했던 기도를 잊지 않으시고 1990년 수정교회 초대 장로 여섯 분 가운데 한 사람이 되는 축복을 주셨다.

교회가 멀다 보니 잊지 못할 추억도 많다. 수요예배 때는 도시락을 싸서 직장 근처에 대기해 있다가 남편이 퇴근하면 싸온 도시락을 차 안에서 함께 나누며 수요예배에 참석하기도 했다. 그러다가 어느 때는 88올림픽대로에 차가 너무 막혀 예배시간이 지나 버려 교회 도착도 못하고 다시 집으로 갈 때도 있었다. 그럴 때면 "주님, 아시지요 예배 참석하신 분들과 같은 은혜 주세요. 그리고 교회 근처로 이사갈 수 있도록 도와주세요." 하고 기도했다.

드디어 하나님은 1998년, 지금 살고 있는 아파트로 이사하게 해주셨다. 지금은 새벽기도회도 마음껏 참석할 수 있으니 너무 좋고 행복하기만 하다.

그러던 중 딸들의 결혼이 자꾸 늦어져서 좀 황당한 기도를 드리게 되었다.

"하나님은 모든 것이 가능하시니 1년 안에 딸 셋을 모두 결혼시킬 수 있게 해주세요."

금식하며 기도했는데 능력이 많으신 하나님은 정확하게 1년 안에 딸 셋을 모두 결혼시키도록 해주셨다.

조일래 목사님께서 지하 금식기도실 기도일지에 쓰여 있는 기도 제목을 읽으셨는지 1년 안에 딸 셋을 결혼시켜 달라고 기도한 분이나 그렇다고 그 기도 들어주신 하나님이나 모두 대단한 분들이라며 웃으셨다.

우리가 하나님께 한 것은 정말 작고 작은 일들 뿐이고, 아주 조금 순종한 것밖에 없는데 기도마다 응답해 주신 것을 생각만 해도 너무 감사해서 눈물이 앞을 가린다.

지금 경영하고 있는 대성 부동산도 수정선교센터 건축에 쓰임 받는 도구가 되게 해달라고 기도하고 있다.

전능하신 하나님께서 계획하시고 건축하시는 수정선교센터가 이스라엘의 지도자 모세를 사용하신 것처럼 조일래 목사님을 또다시 사용하시니, 앞장서서 애쓰시는 건축위원과 모든 수정 성도들은 정말 복을 많이 받을 줄 믿는다.

지금 실시하고 있는 천사운동(수정선교센터 건축을 돕는 1,004명을 모집하는 운동)에 모두가 순종하여 동참하면 오병이어의 기적이 수정선교센터에서 재연될 것이라 확실히 믿는다.

그 이름이 크고 위대하신 하나님을 높이 찬송하며……

하나님을 만난 후 행복해진 나의 삶

"…예배당에 계속 나가겠다면 대학을 보내줄 수 없을 뿐만 아니라 이때까지 시킨
공부도 억울하고, 너는 내 자식이 아니다." 나는 조금도 망설이지 않고 즉시 말씀드렸다.
"아버지! 저는 대학을 못 갔으면 못 갔지, 예수님은 버릴 수가 없습니다."

조일래(담임목사)

나는 유교와 불교와 미신을 섬기는 농촌의 종가 종손으로 태어
났다. 종손답게 어려서부터 제사를 드리고 제사법을 배우며 자랐
다. 그러던 중 친구따라 중학교 2학년 때 처음으로 교회에 갔다.

교회에 나간 지 3개월쯤 되었을 때부터 부모님의 핍박이 시작되
었고, 평온하던 집안이 살벌한 분위기로 바뀌고 말았다. 결국 나는
교회를 못 나가게 되었고, 몇 달이 지난 후에는 자연스레 교회도
하나님도 잊어버리게 되었다.

고등학교 2학년 때 나는 인생의 문제로 심히 고민하게 되었다.
나는 남들처럼 열심히 공부하여 성공할 자신은 있었지만 '죽음 앞
에서 후회없는 삶이 무엇일까?' '왜? 살아야 할까?' 하는 문제로 고

민을 많이 했다. 이 사람, 저 사람에게 물어보기도 하고 심지어는 술도 마셔 보았지만 해답도, 해결 방법도 없었다. 이러한 고민은 고2, 고3, 대학교 1학년, 휴학에 이르기까지 약 4년간에 걸쳐 계속되었다.

나는 인생 문제에 대한 고뇌에다 육체적 중병까지 겹쳐 대학 1학년만을 겨우 마친 후 휴학하게 되었으며 갈등과 번민의 세월을 보냈다. 머리 깎고 절로 들어갈까도 생각하고 차라리 죽어 버리는 것이 나을 것 같아서 자살을 생각하기도 했다.

그렇게 헤매던 중 나는 다시 교회를 생각하게 되었다. '어떤 곳에서도 살아갈 만한 진정한 가치를 발견하지 못했으니 교회나 다시 나가 보자. 하나님이 안 계셔도 밑져야 본전이다.'라는 마음이 생겼던 것이다.

결국 휴학 중에 스스로 교회를 찾아가게 된 셈이다. 그리고는 하나님을 만났다. 나는 하나님을 만난 후에 흐르는 눈물을 주체할 수 없어서 며칠 동안이나 울었다. 나는 그동안 하나님도 교회도 다 잊고 살았는데 하나님은 나를 잊지 않으시고 내가 돌아오기만을 팔을 벌리고 기다리고 계셨다는 것을 알 수 있었다. 그 하나님의 사랑을 깨닫고 한없이 울고 또 울었다.

나는 주변의 많은 사람들로부터 "공부 잘한다", "인사성 밝다", "효자다", "착하다" 등 좋은 소리는 다 듣고 자란 성실한 모범 청년이었다. 그래서 남들처럼 특별히 죄지은 일이 없다고 생각했는데 하나님의 밝은 빛 앞에 서자 내 자신이 너무 추하고 더러운 죄인이라는 것을 깨달았다. 그리고 나같은 죄인을 사랑하셔서 불러 주시고, 용서해 주시고, 구원해 주신 하나님의 크신 은혜를 생각하며 많은 눈물을 흘렸다.

이렇게 하나님을 만나고 나자 환경은 그대로였지만 내 마음과 자세가 완전히 바뀌고 말았다. 방황과 번민과 갈등은 소리없이 사라져 버리고 그 자리에 대신 감사, 평안, 담대함, 구원의 확신, 소망, 기쁨으로 가득차게 되었다. 당장 환경이 달라진 것은 아니었지만 나는 완전히 새사람으로 변해 버린 것이다.

끝없이 번민하고 갈등하며 괴로워 울던 내가 모든 무거운 짐을 주님 앞에 내려놓고 맡기니 주님의 크신 사랑과 은혜로 인해 너무 감사해서 울고, 또 너무 기뻐서 우는 사람으로 바뀐 것이다. 그로부터 37년이란 세월이 흘렀지만 지금도 그 감사, 평안, 소망, 담대함, 기쁨, 보람은 변함없이 내 속에 자리잡고 있다.

부산에서 하나님을 만난 후 고향 거제도로 가자 부모님의 엄청난 핍박이 시작되었다. 부모님이 핍박하시는 이유는 크게 두 가지였다. 하나는 종가의 종손이 제사 지내고 시제를 지내야지 가문에 없는 짓을 하면 안 된다는 것이었다.

또 다른 하나는 우리 집에 늘 단골로 출입하며 매년 음력 정월에 1년 동안 집안의 평안을 위해 안태굿을 해주는 무당이 있었는데 그가 "당신 아들은 칠성에 공을 들여서 낳았고, 명이 길도록 절에다 이름을 올려 놓았기 때문에 예수 믿으면 죽습니다."라고 말했기 때문이다. 부모님은 그 점쟁이의 말을 하나님 말씀처럼 믿고 귀한 아들 죽지 않게 하려고 온동네 사람이 다 알도록 그토록 핍박했던 것이다.

매도 많이 맞고, 수없이 쫓겨났고, 굶기도 많이 했다. 그러나 그보다도 더 견디기 힘든 것은 부모님의 괴로워하시는 모습과 무겁고 살벌한 지옥 같은 집안 분위기였다. 내가 만약 예수님을 만나지 않았고, 예수님이 내 속에 계시지 않았다면 부모님을 생각해서라도 신앙을 포기하고 말았을 것이다. 그러나 나와 함께 하시는 주님의 위로와 사랑을 힘입어 끝까지 믿음과 기도로 승리할 수 있었다. 임마누엘의 주님을 찬양할 뿐이다.

휴학 기간 중에 고향에 있는 동부교회(통합측)에 출석하면서 예배당 청소, 교회 종치기, 교회학교 교사 등으로 봉사했다. 그 당시 동부교회에는 목사님이 안 계셨고 대신 한 분 계신 장로님이 예배를 인도하셨는데 건강상 이유로 새벽기도회에 나오지 못했기 때문에 나는 교회에 나간 지 1개월도 되기 전부터 복학 때까지 새벽기도회를 인도했다. 장로님이 출타중일 때는 수요예배와 주일예배를 인도하기도 했다. 특히 시계도 없을 때여서 주님께서 "일래야!" 하고 깊이 잠든 나를 새벽기도회 시간에 늦지 않도록 깨워 주신 적이 한두 번이 아니었다.

휴학한 지 1년이 거의 되어 복학해야 할 무렵인 어느 날 밤, 아버지가 친척들을 우리 집으로 불러 모으신 후 나에게 말씀하셨다.

"너 이제부터 예배당 안 가겠다고 하면 대학을 다시 보내 주고, 만약 예배당에 계속 나가겠다면 대학을 보내줄 수 없을 뿐만 아니라 이때까지 시킨 공부도 억울하고, 너는 내 자식이 아니다."

나는 조금도 망설이지 않고 즉시 말씀드렸다.

"아버지! 저는 대학을 못 갔으면 못 갔지, 예수님은 버릴 수가 없습니다."

그때 친척 할머니께서 내 머리를 쥐어박으시면서 말씀하셨다.

"야, 이놈아! 우리는 네가 똑똑한 줄 알았는데 그렇게 앞뒤가 꽉 꽉 막혔느냐? 예배당 안 가겠다고 하면 대학도 다니고 부모님 몰래 예배당도 다닐 수 있는데 왜 부모를 이기려고 그러느냐?"

"저도 압니다. 그러나 저는 빈말로라도 예수 안 믿겠다고 말할 수 없습니다."

나는 그렇게 대답했고 대학을 포기했다. 그리고 주님께 이렇게 고백했다.

"주님! 대학과 주님을 어떻게 바꿉니까? 생명과도 못 바꿉니다. 주님! 사랑합니다!"

그토록 핍박하시던 부모님이 대학을 다시 보내 주실 이유도 없기 때문에 나는 대학을 완전히 포기했다. 그러고도 주님 안에서 평안한 마음뿐이었다. 그러나 부모님은 내가 공부를 좋아하니까 거짓말로라도 대학을 선택할 줄 생각하시고 비장의 카드를 던지셨는데 예상 외의 답변이 나오자 심각하게 고민하셨던 것 같다.

나 같은 죄인을 살리시려고 목숨까지 버려 주신 주님 때문에 고작 대학을 포기했는데 지금 생각해 보면 그로 인해 내가 받은 복은 말로 다 할 수가 없다. 하나님께서는 대학 뿐만 아니라 대학원도 몇 곳이나 다닐 수 있는 길을 열어 주셨고, 그 지긋지긋하던 핍박도 거두어 주셨으며 결국 부모님까지도 구원해 주시는 축복을 받게 되었다.

복학 후 부산 수정동 성결교회에 나가면서 봄에 학습을 받고, 가을에 기다리고 기다리던 세례를 받았다. 성령세례를 받은 지 1년 반이 지나서야 받은 것이다.

나는 수정동교회에서 목사님과 사모님, 장로님, 권사님들의 사랑을 많이 받으면서 어린이부·중등부·고등부 교사와 대학생회장,

청년회장, 최연소 총각 집사 등으로 열심히 봉사했다.

난 주님을 만난 후 하나님께서 나를 새로운 사명의 길로 부르신다는 것을 늘 느끼고 있었다. 대학 졸업 무렵과 대학원 1학년 마칠 무렵에 더욱 강하게 느낄 수 있었다. 그러나 나는 종가의 종손으로 할 일도 많을 뿐 아니라 목사님을 보필하는 사람이 되고 싶어서 그 부르심에 응답하지 못했다.

대학원 졸업 후 사업을 하다가 늦게 군대에 가서 3년 동안이나 이 문제로 계속 고민했다. 그러다가 "하나님! 제가 신학교에 안 가는 대신 평생 돈을 벌어 100명의 신학생을 뒷바라지 해주면 안 되겠습니까? 왜 저를 경영학과에 보냈습니까?"라고 항의성 기도를 드렸다. 그러나 결국 제대 직전에 하나님께 항복하고 제대 후 신학교에 가기로 결심했다. 그리고는 집에 와서 아내와 이 문제로 상의했다.

"나 하나님께 항복했소. 당신 어쩔 참이오?"

"여보! 우리가 어떻게 하나님을 이기겠어요? 갑시다."

"아니, 여보! 그렇게 쉽게 응낙하다니 도대체 어찌된 일이오?"

"하나님께서 밝은 빛 가운데 나를 휘어잡으시고는 '내가 네 남편을 내 종으로 택했다. 너는 네 남편에게 복종해라. 서울로 가라. 내가 책임지겠다. 네 남편을 종으로 쓰겠다. 너는 만민의 어미가 될 것이다'라고 말씀하셨어요."

나는 제대 후 곧바로 주님만 바라보고 빈손으로 서울에 왔고, 신실하신 하나님께서는 약속하신대로 오늘 이 시간까지 인도해 주셨다. 앞으로도 계속, 아니 영원토록 인도해 주실 신실하신 하나님, 그 사랑의 하나님을 찬양한다. 할렐루야!

하나님은 살아 계시다

하루 평균 매출이 20만 원이던 것이 200만 원이 되었다. 주일 하루를 하나님께서 명령하신 대로 지켰더니 10배로 갚아 주신 것이다. 정말 놀라운 일이었다. 그리고 어느새 모든 일을 하나님께 맡긴 채 기도하는 내 모습을 보고 다시 한 번 하나님께 감사하지 않을 수 없었다.

최외경(집사)

나는 하나님을 알지 못했지만 신앙을 가지신 시부모님을 만나게 되어 교회에서 결혼식을 올렸다. 처음엔 신앙이 자라지 않아 시부모님을 따라 그저 교회만 왔다갔다 했다.

내가 수정교회에 나오게 된 것은 전에 섬기던 교회가 너무 멀어 집 주위의 교회를 찾고 있을 때, 이은자 사모님을 만나게 되면서부터였다.

신앙생활 6~7년이 되어도 변화가 없던 즈음, 친정 부모님이 한꺼번에 교통사고로 돌아가시게 되었다. 그때의 충격은 뭐라고 말할 수 없이 컸다. 내일 일은 어느 누구도 예측할 수 없다는 것을 나는 그때 깨달았다. 내 힘으로는 살아갈 수 없다는 것을…… 그때부터 나는 하나님만을 의지하여 신앙이 점점 자라게 되었다.

그런데 한 가지 내 마음을 무겁게 했던 것은 주일을 꼭 지켜야한다는 것이었다. 소매 문구점을 하는 가정 사정으로는 도저히 불가능한 일이었다. 하지만 믿고 기도한 지 3년이 지난 뒤 문구 도매점을 하게 되었다.

그렇게 해서 주일 성수를 하다 보니 하루 평균 매출이 20만 원이던 것이 200만 원이 되었다. 주일 하루를 하나님께서 명령하신대로 지켰더니 10배로 갚아 주신 것이다. 정말 놀라운 일이었다. 그리고 어느새 모든 일을 하나님께 맡긴 채 기도하는 내 모습을보고 다시 한 번 하나님께 감사하지 않을 수 없었다.

주일 성수 문제와 더불어 또 한 가지 문제는 십일조였다. 그때는 남편이 하나님을 믿지 않았던 때라 십일조를 어떻게 해야 할지난감했다. 난 고민하다가 처음에는 생활비의 십일조를 드렸다. 그러면서도 이 사실을 남편이 어떻게 받아들일지 고민이었다. 이것으로 인해 영영 하나님 품으로 들어오지 못하는 건 아닌지……. 하지만 그것은 내가 걱정할 문제가 아니었다.

"마음의 즐거움은 얼굴을 빛나게 하여도 마음의 근심은 심령을상하게 하느니라(잠 15 : 13)."

잠언의 말씀이 떠올랐다. 걱정하는 것은 하나님을 믿는 사람이하는 일이 아니므로 그 또한 하나님께 맡기고 기도했다.

3년의 세월이 흘러 남편(강기성 집사·재정부 담당)은 교회에 나오게 되었다. 남편이 하나님을 믿고 교회에 나간 이상 그동안 내가해오던 십일조를 숨겨서는 안 되겠다는 생각이 들었다. 떨리기는했지만 사실대로 털어놓았다. 남편은 십일조 생활이야 너무 당연

한 것 아니냐며 고심하며 사실을 털어놓은 나를 무색하게 했다. 하나님을 믿으면서 행하는 모든 일들이 순조로워서 감사한 마음뿐이었다.

남편은 그렇게 신앙생활을 시작했고 '수정선교센터 건축위원회 부간사'라는 직분까지 맡게 되었다. 그러다 보니 교회 건축헌금 작정하는 것을 조금 부담스러워하는 것 같았다.

그 무렵 우리에게 건물이 하나 있었는데 몇 년 전부터 가게 세를 올릴 수가 없었다. 게다가 IMF까지 터져 더더구나 올릴 수 없는 형편이 되고 말았다. 한 달에 300~400만 원이 나오던 월세가 100만 원 남짓 나오는 상황에 이르자 도저히 처분하지 않고는 안 될 상황이 되었다. 그러나 건물을 내놓은 지 몇 년이 흘러도 팔리지 않았다.

건물에 세든 점포에서 월세가 부담스러우니 전세로 바꿔 달라고 하기에 전세로 바꿔 주고 그 전세금 받은 1,000만 원으로 건축헌금을 드렸다. 그랬더니 3개월 만에 몇 년째 팔리지 않던 건물이 팔리는 것이 아닌가? 하나님께서 몇 배로 갚아 주신 것이다.

'매번 일이 있을 때마다 척척 해결해 주시는 분이 바로 하나님이시구나.'

난 만나는 사람마다 하나님의 살아 계심을 전하고 싶었다. 그러나 하나님의 놀라운 역사는 여기서 끝나지 않았다.

건물을 팔고 마땅한 집을 알아보는데 나타나질 않았다. 그러다가 괜찮은 집 하나를 발견했는데 남편과 시아버님의 반대로 사지 못하게 되었다. 그런 뒤 안 사실인데, 당시 영등포 시세가 평당 1,200만 원 정도인데 그 집이 평당 500만 원에 나왔으니 반 가격에 살 수 있는 기회였다. 그것도 모르고 안타깝게 놓쳐 버리고 만 것이다. 얼마나 속이 상하던지 다시 찾아가서 되팔라고 했더니 그 집을 산 사람이 40일 작정기도를 하고 사게 되었다는 것이 아닌가! 기도가 부족했던 탓이라고 생각한 나는 20일 작정기도를 시작했다.

그 기도가 끝나는 마지막 날, 나는 이상한 꿈을 꾸게 되었다. 아기를 업고 집에 가고 있는데 우리 집 쪽에 불이 활활 타고 있는 것이 아닌가. 위험하다는 생각도 하지 않은 채 가족들 생각에 난 그 불 속으로 뛰어들어갔다. 그런데 신기하게도 옆집들만 타고 있었다.

무슨 꿈이 이럴까 생각하고 다음날, 매물이 나왔다는 연락을 받고 가보니 꿈에 봤던 바로 그 집이었다. 그것도 세 필지나 되는. 그리고 그 옆으로 불이 난 집도 있었다. 주인이 다 다른 세 필지의 집을 그것도 한꺼번에 살 수 있었다. 또한 시가보다 거의 절반 가격에 살 수 있었다. 나는 이 일로 하나님이 살아 계시다는 것을 다시 한 번 체험했다. 지금은 그곳에 150여 평의 건물을 지어 우리 가게를 운영하고 있다.

하나님은 이렇게 우리 생활에 직접적으로 역사하고 계신다. 내가 한 일은 아무것도 없다. 그저 말씀대로 하나님께 모든 것을 맡기고 기도한 것밖에는……

하나님께 100% 맡기고 의심 없이 의지할 때 하나님은 가장 좋은 것으로 응답하시고 좋은 길로 인도해 주신다는 사실을 나는 확실히 알게 되었다.

창호야, 나를 위해 목숨을 내놓을 수 있느냐?

"창호야, 네가 어디서 무엇을 하든지 내가 너와 함께 할 것이다.
나는 너를 지키는 자란다." 그것은 '임마누엘'의 약속이었다. 그 음성을 듣는 순간
나는 자신감을 얻었다. '할 수 있다'는 용기가 생겼다.

최창호(성도)

삶의 의미와 근원을 찾으려는 것은 인간이라면 누구나 갖고 있는 본능이자 갈망일 것이다.

25년간의 내 삶도 그런 의미를 찾기 위한 노력을 해왔고, 지금에서야 명확히 그 이유를 알 수 있게 되었다.

초등학교 시절, 나는 다른 사람들보다 조금 먼저 '진리'에 대해 고민했다. '진리란 무엇일까?' 하는 고민으로 내가 찾게 된 것은 절이었다. 이유는 잘 모르지만 절에 가면 마음이 편안해지고 정신이 맑아지는 느낌을 받았다. 스님들도 한결같이 정결하고 순전하게 살아가는 사람들로 보였다. 그래서 나는 초등학교를 졸업할 때까지 3년간 불교학교를 다녔다. '반야바라밀다심경'을 모두 암송했

고 항상 즐겁게 찬불가를 불렀다.

시간이 지나 불교학교를 수료하기 전날 밤에는 108번의 절을 했다. 그 다음날 졸업장을 받고 3년간의 불교학교를 수료했는데 나는 산을 내려오면서 이런 생각이 문득 들었다.

'이건 내가 생각했던 진리가 아니야!'

중학교에 입학한 후 친구의 권유로 교회에 나갔다. 밝은 분위기에 따뜻한 환영, 친절한 교회학교 선생님들의 도움으로 쉽게 적응할 수 있었다. 하지만 왜 교회를 다녀야 하는지, 무엇 때문에 예배를 드리고 찬양을 하는지 잘 몰랐다. 단지 분위기가 좋고 사람들이 좋아서 계속 교회를 다녔다.

시간이 흘러 중학교 3학년 때, 학생부 수련회를 통해 처음으로 예수님을 인격적으로 만났다. 수년간 지식으로만 알고 있던 예수님이라는 존재와 하나님의 사랑을 마음으로 깨닫고 받아들이는 순간이었다. 표현할 수 없는 감격과 함께 눈물이 흘렀다. 내 삶의 이유들을 돌아보게 되었고 왜 예수님을 믿어야 하는지, 어떻게 삶을 살아야 하는지에 대해 구체적으로 알 수 있었다.

고등학교 시절, 학생부 회장을 하면서 하나님 앞에서 '하나님의 사람으로서 하나님의 일을 하면서 살아가겠다'고 서원하고 서울신학대학교에 입학했다. 이때부터 하나님은 오랫동안 준비하시고 숨겨 놓으셨던 내 삶의 비전을 나에게 구체적으로 보여 주시고 말씀해 주셨다.

대학교 1학년 때, 예수전도단(YWAM)에서 주최하는 전도학교에 참석했다. 1주일간의 집회를 통해 하나님이 말씀하신 것은 '선교사'의 삶에 대한 것이었는데 명확하고 분명하게 북한의 지도와 평양 땅에서 복음을 전하고 있는 내 모습을 환상으로 보여 주셨다. 한번도 생각해 보지 않았던 북한 선교에 대한 꿈을 이때부터 꾸기 시작했다. 그러나 내가 선교사로 살아간다는 흥분과 기대보다 두려움이 앞섰다.

선교사의 삶을 구체적으로 알지는 못하지만 그 삶은 분명 대가를 지불해야 하는 삶이고 세상의 즐거움을 완전히 포기해야 하는 재미없는 삶이라고 생각되었기 때문이다. 그런데 더 기가 막힌 것은 하나님께서 그런 고민을 하는 나에게 하신 말씀이었다.

"창호야, 나를 위해 목숨을 내놓을 수 있느냐? 내가 너에게 가라고 말한 선교지에서 나를 위해 죽을 수 있느냐?"

그것은 바로 '순교'에 대한 것이었다. 선교사로 살아갈 것도 두려운데 순교를 하라니, 앞이 캄캄해지고 말할 수 없는 두려움이 나를 감쌌다. 하나님을 믿는다는 것은 그저 하나님을 사랑하고 적당히 세상 속에서 성경 말씀대로 살아가기만 하면 된다고 생각했던 나의 가치관들이 무너지기 시작했다. 나는 고민하고 갈등할 수밖에 없었다.

그러나 그런 두려움 속에서 다음 순간 나를 찾아온 것은 '평안'이었다. 분명히 두렵고 떨리는데도 이해할 수 없는 따스함과 평안함이 나를 감쌌다. 그리고 부드럽고 분명한 음성이 들려왔다.

"창호야, 네가 어디서 무엇을 하든지 내가 너와 함께 할 것이다. 나는 너를 지키는 자란다."

그것은 '임마누엘'의 약속이었다. 그 음성을 듣는 순간 나는 자신감을 얻었다. '할 수 있다'는 용기가 생겼다. 이 세상에서 하나님이 나와 언제나 함께 하신다는 것보다 더 큰 안정감이 어디 있겠는가! 그 순간 나는 하나님께 감사 기도를 드렸다.

그로부터 1년이 지난 뒤, 나는 다시 전도학교 집회에 참석했다. 하나님은 계속해서 선교사의 삶과 열방에 대한 하나님의 마음에 대해 말씀하셨다. 그런 하나님의 마음을 읽으면서 "하나님, 언제든지 하나님께서 말씀만 하시면 북한으로 달려가겠습니다. 그리고 그곳에서 제 삶 전부를 드리겠습니다."라고 고백했다. 그런데 또 하나님은 나에게 이해할 수 없는 말씀을 하셨다.

"내가 언제 너에게 북한에서 네 삶을 바치라고 했느냐?"

아니, 이게 무슨 말씀이신가! 분명히 하나님은 나에게 북한 선교사로 살아갈 것을 말씀하시지 않으셨는가? 당황하지 않을 수 없었다. 하나님은 계속해서 말씀하셨다.

"창호야, 나는 제한 받는 하나님이 아니란다. 내가 너에게 말한 선교사의 삶이란 온 세계를 품는 것이었단다. 한 곳에서 너의 삶을 마치는 것이 아니라 내가 너에게 말한 사명이 다 끝나면 너는 또 다른 나라로 가서 나의 사명을 이루어야 할 것이다. 나는 모든 민족에게 예배 받기를 원한단다. 나는 네가 온 세계에서 나를 위한 예배를 일으키는 그런 선교사가 되었으면 좋겠다."

그 말씀을 듣는 순간, 나를 향한 하나님의 계획을 이해할 수 있었다. 하나님의 마음은 북한에만 제한되어 있지 않으시고 온 세계 속에 계시다는 것을 알게 되었다. 그 후부터 나는 하나님께서 주신 비전을 구체적으로 이해하기 위해 노력했다.

대학교 4학년을 보내고 있는 지금, 나는 예수전도단 대학생 예수제자 훈련학교(UDTS) 과정을 거치고 있고, 그 이후 1년 정도 단기 선교사로 인도에 갈 계획이다. 하나님이 말씀하신 것은 비단길

(실크로드)을 따라 선교하는 것인데 그 시작은 북한이 될 것이다.

이제 얼마 후 북한, 중국, 인도, 중동 등 비단길을 따라 하나님께서 말씀하신 비전을 품고 온 세계에 예배를 일으키는 열방의 예배자로 나아갈 것이다.

오늘도 난 하나님의 오랜 슬픔인 어둠의 땅들을 바라보며 기도한다. 온 세계 속에 성령께서 운행하시며 열방을 치유하시도록, 없어지지 않을 것만 같은 짙은 어둠을 밝힐 수 있는 이방의 빛(사 42:6)이 되게 하시고 각 나라와 족속과 백성과 방언에서 하나님을 예배하는 일이 쉬지 않고 일어나도록(계 7:9) 계속해서 전진할 것이다.

이 세상 누구라도 열방을 향한 하나님의 마음을 보았다면, 하나님의 눈물을 보았다면, 하나님의 심장 소리를 들었다면, 그대로 머물러 있을 수 없을 것이다.

하나님은 지금 이 순간에도 니느웨와 같은 이 세상을 향해 말씀하신다.

"이 백성은 내가 나를 위하여 지었나니 나의 찬송을 부르게 하려 함이니라(사 43:21)."

수정교회는 나에게 은혜로운 터전이다

논산 훈련소에 입소하자마자 내무반장이 교회 다니는 사람은 모두 나오라고 했다. 6명이 나가자 몽둥이로 엉덩이를 마구 때렸다. 그래도 교회 나갈 사람만 남으라고 했다. 여기서 하나님을 배반하거나 부인할 수 없다 싶어 나는 또 몽둥이 세례를 맞을 각오로 버티고 서 있었더니…

홍순모(장로)

나는 평온하고 인심이 넉넉한 작은 시골 마을에서 태어났다. 완고한 유교 집안에서 4남매의 막내로 사랑을 듬뿍 받으며 어린 시절을 보냈다. 먹을 것도 주고 구호물자도 준다는 소문을 듣고 어린 마음에 찾아간 곳은 산기슭을 타고 외딴 곳에 자리잡은 연서성결교회였다.

교회 정문 옆에는 상여집이 있어서 부모님의 반대가 극심했지만 막내라는 이유와 나의 뚝심으로 교회를 다닐 수 있었다. 내가 다니던 교회는 먼 훗날 성결교회 총회장을 지내신 홍종현 목사님(현재 동대전 성결교회 원로목사)을 비롯하여 훌륭한 목사님을 많이 배출한 축복받은 교회였다.

나는 주일을 어기지 않고 반드시 지켰는데, 한번은 차디찬 엄동설한에 우리 집에서 논을 30cm 높이는 작업이 시작되었는데 농기구는 전혀 없는 때라 지게로 퍼날라야 했다. 주일을 지킬 마음으로 토요일 밤까지 땀흘려 일하고 주일을 지켰던 기억이 난다.

비가 오나 눈이 오나 열심히 교회를 다녔는데 방언 은사를 받은 사람이 조그마한 교회에서 31명이나 될 정도로 뜨겁게 신앙생활을 했다. 소문난 부흥회가 있으면 교회에서 12km를 걸어서 기차를 타고 부흥회를 갈 정도로 열심이었다.

당시 어느 교단 가릴 것 없이 부흥강사로 유명했던 이성봉 목사님도 우리 교회에서 부흥강사로 모신 적이 있었다. 이성봉 목사님께서 직접 작사 작곡하신 '허사가'는 지금도 나의 심금을 울린다.

현재 부여중앙교회에 시무하시는 최대원 목사님 밑에서 나의 신앙이 많이 성장했다. 유치부 교사로 임명되어 아이들 2명을 인수받아 18명까지 늘리기도 했다. 당시는 나뿐만 아니라 모든 교사가 열심이었다. 조그만 농촌교회의 재적 인원이 200명까지 육박했으니 말이다.

당시 동료 교사 중에서 목사가 1명, 전도사가 1명, 장로가 6명, 권사가 5명이나 배출될 정도로 믿음이 뜨거웠다.

한번은 교회를 증축하려고 흙벽돌을 많이 만들어 놓았는데 비가 왔다. 그러자 서로 연락도 없이 모든 일손을 놓고 교회에 달려갔는데, 가서 보니 청년 남녀 31명이 모두 도착해 있었다. 그만큼 열심히 신앙생활을 해서인지 새벽기도회 시간이 되면 "순모야, 일어나라." 하는 하나님의 음성을 듣고 깨어 교회에 달려간 적이 한두 번이 아니었다.

논산 훈련소에 입소하자마자 내무반장이 교회 다니는 사람은 모두 나오라고 했다. 6명이 나가자 몽둥이로 엉덩이를 마구 때렸다. 그래도 교회 나갈 사람만 남으라고 했다. 여기서 하나님을 배반하거나 부인할 수 없다 싶어 나는 또 몽둥이 세례를 맞을 각오로 버티고 서 있었더니 느닷없이 주기도문과 사도신경을 외워보라고 했다. 달달 외웠더니 훈련소를 퇴소할 때까지 사역, 보초 등을 면제해 주었다.

퇴소하고 훈련소를 나와 부대 배치를 할 때 "하나님, 전방이든 후방이든 어디든 괜찮으니 주일만 지킬 수 있게 해주세요." 하고 간절히 기도했다. 그러자 예나 지금이나 1군사령부대로 간다는 것은 여간 힘든 일이 아닌데 그곳에서 비행대장님의 운전병으로 파견되었다. 그리고 군생활을 마칠 때까지 부대 앞의 장로교회에서 교사부장으로 봉사할 수 있는 좋은 축복의 기회도 얻게 되었다.

제대를 하고 상경하여 이 교회 저 교회를 다니다가 개척교회인 대림성결교회를 나가게 되었다. 그곳에서 임원기 권사님과 이국화 집사 남매와 서영숙 권사를 만나 함께 봉사했다.

그런데 어려운 일이 계속 터져 여러 명의 성도들이 발길을 돌렸다. 나도 서영숙 선생(현재 권사)과 함께 ○○교회에 등록하기로 결정해 놓은 상태였다.

그 주 토요일, 서영숙 선생이 매우 호리호리하게 보이는 청년 한 사람을 데리고 우리 집에 찾아왔다. 이분이 바로 26년에 걸쳐 나의 삶을 바꾸어 놓으신 조일래 목사님이었다. 야윈 모습이긴 하지만 신앙관이 뚜렷하고 신실하고 확고한 철학과 개척자의 정신으로 잘 다듬어진 면면을 발견할 수 있었다. 손잡고 흔쾌히 교회를 개척하기로 결의했다. 당시 조일래 집사, 이은자, 임원기, 서영숙, 이국화 남매와의 굳은 결의가 수정교회의 모태가 된 셈이고 출발점이었다. 임 권사께서 헌금하셨던 10만 원으로 20평의 조그만한 홀에 보증금 50만 원에 월 35,000원 계약을 했다.

당시 조 집사님께서 부산 수정동교회에서 40만 원을 빌려서 보증금을 정리하고 교회 이름을 물같이 맑다는 뜻의 '수정'이라 짓기로 하고 1976년 12월 14일에 첫 예배를 드리고 1977년 1월 16일에 창립예배를 드렸다. 당시 조 집사와 이동섭 군과 밤을 새워 의자를 만들거나 서영숙 선생과 명동에 나가 아리아 오르간을 사가지고 올 때는 감개무량하기만 했다.

그 이듬해 조일래 집사는 서울신학대학원에 입학하여 정식으로 전도사님으로 호칭되면서 교회가 차츰 골격이 잡혀갔다.

어느 날 전도사님은 나에게 선교를 하자고 하셨다. 나는 전도사님 생활비도 드리지 못하는 형편이므로 반대했다. 교회 안에 딸린 작은 방에서 생활하면서 선교가 웬말인가. 나는 한사코 반대했지만 전도사님의 확고한 선교 철학은 꺾지 못했다. 지금 생각해 보니 전도사님의 목회 철학이 얼마나 정확하셨는지 절로 고개가 숙여진다.

교회는 꾸준히 성장하여 건축위원회가 결성되고 대지를 구입하기로 했다. 계약금 200만 원을 걸고 3,300만 원에 300평을 계약했으나 여러 가지 힘든 과정을 거친 끝에 결국은 포기하고 말았다. 첫 시련이었다.

전도사님은 모든 책임을 지고 사표를 제출했다. 즉각 우리 집에서 집사 8명이 모여 사표 수리 투표에 들어가 반대 7표, 찬성 1표로 사표를 반려했다. 이 책임은 전도사님 혼자만의 책임이 아니라 우리 모두의 공동 책임이라며 우리는 함께 울었다. 사표를 반려받으신 전도사님도 우셨다.

조동제 장로님을 건축위원장으로 새로 맞이하고 금식, 철야기도를 쉬지 않고 했다. 당시에 나는 청년부장으로 일했는데, 청년 재적 인원 거의 모두가 참석하여 철야기도를 하기도 했다. 조일래 목사님과 건축위원장에게 큰힘이 되었을 줄 믿는다. 또한 이영숙 집사는 점심을 해 나르기도 하고 교회가 비좁은 나머지 설거지도 집에 가져가서 하는 등 열심히 봉사했다.

이제 수정교회는 조일래 목사님의 성공적인 목회가 대림동 성전에서 인천 불로동 성전으로 업그레이드되는 중요한 시점에 놓여 있다. 하나님의 섭리와 조일래 목사님의 신패러다임 목회가 불로동 성전에서도 성공하리라 믿는다.

또한 노아가 120년간이나 순종하면서 방주를 지었듯이 하나님께 순종하고 조일래 목사님의 목회 방침에 잘 따르기만 하면 반드시 수정선교센터는 아름답게 건축되리라 확신한다.

나의 고백

나는 비록 부끄러운 존재이지만 하나님에게 내가 필요하고,
나도 하나님이 필요하다는 것을 알 수 있었다. 그들은 기도로 나를 도와주었다. 결국 나는
죄를 고백하고 회개했으며 예수 그리스도를 나의 구세주로 받아들였다.

다니로 데이릿

나는 필리핀에서 대가족이 함께 사는 매우 가난한 집에서 태어
났다. 생활이 어려워 7세 때부터 가난한 이들의 빵으로 알려진 뜨
거운 판데살을 팔기 시작했다. 그리고 돈이 세상을 살아가는 데
얼마나 필요하고 큰 역할을 하는지를 알았다. 나는 기도를 했지만
하나님은 응답하지 않으셨다. 그래서 나는 하나님보다는 나 자신
을 의지할 수밖에 없었다.

나는 학교에서 그렇게 공부를 썩 잘하지는 못했지만 대학에서
장학금을 받아 무사히 졸업할 수 있었다.

대학은 졸업했지만 일자리가 없어서 나는 더욱 자포자기에 빠
지고 말았다. 우리들의 불합리한 교육제도 때문이라고 불평하기도

했다. 생활 환경이 너무 어려워 해외에서 일하는 것이 나의 마지막 수단이었다. 그러나 그것마저 경쟁 때문에 어려웠지만 기회가 오면 꼭 가리라 마음먹었다.

드디어 나는 한국 공장에서 일할 기회를 얻었다. 한국은 모든 것이 달라 보였다. 음식, 기후, 관습, 문화, 언어 등 모든 것이 낯설고 춥고 황량한 섬처럼 느껴졌다.

3D(더럽고, 어렵고, 위험한) 업종에서 단지 돈을 벌기 위해 나는 자존심을 버려야 했다. 그래서 그런지 몰라도 성격은 거칠어졌다. 이때 테스(Tess)라는 여인을 만나 곧바로 동거생활에 들어갔다.

그런데 문제가 생겼다. 테스가 임신을 한 후 난소에 낭종이 생겼다는 것이다. 의사 선생님은 아기를 포기하지 않으면 테스가 죽는다고 했다. 나는 자지러질 정도로 큰 충격을 받았다. 어떻게 해야 할지 난감했고 마음의 준비도 되어 있지 않았다. 나는 이렇게 끝낼 수는 없다고 외쳤다. 차고 깊고 어두운 바다에 빠지는 것 같은 기분이었다. 내 인생이 막다른 지경에까지 이른 것 같았다.

바로 그럴 즈음 카이몰 목사님과 아세 목사님을 만났다. 그들은 나에게 복음을 전하면서 정신적인 면에서나 사회적인 면에서 나를 도와주었고, 나를 위해 기도해 주었다.

나는 하나님을 믿는다고 하면서 위선적인 사람들 때문에 교회를 멀리하고 있었다. 그런데 두 분의 목사님에게 하나님과 인간에 대한 의문점과 문제점에 대해 질문하자 자세하게 설명해 주었다.

하나님의 말씀을 듣자 나는 죄가 많아 구원받기 어렵겠다는 생각이 들었다. 그러나 곧바로 나는 비록 부끄러운 존재이지만 하나님에게 내가 필요하고, 나도 하나님이 필요하다는 것을 알 수 있었다. 그들은 기도로 나를 도와주었다. 결국 나는 죄를 고백하고 회개했으며 예수 그리스도를 나의 구세주로 받아들였다. 나는 하나님의 힘, 영광, 사랑, 놀라운 은혜 등을 체험하고 난 뒤 큰 위안과 기쁨을 경험했다. 아내에게도 하나님의 은총이 내리는 것을 보았다. 얼마나 평화스러웠는지 모른다.

아기는 정상적으로 건강하게 출산되었다.

우리는 1996년 대사관에서 결혼했다. 나는 2002년, 수정교회에서 나의 살아가는 길과 원칙을 하나님의 계획과 목적에 맞추기로 내 삶을 완전히 변경하며 커다란 결심을 했다. 하나님의 은혜로 수정교회에서 우리 부부는 사역을 시작했고 하나님의 사랑과 은총을 받으며 우리의 삶을 이어가고 있다.

우리의 믿음은 계속 돈독해지고 있고 지금은 하나님이 왜 나와 나의 가족이 한국에 살게 하셨는지, 그분의 계획을 알게 되었으며 하나님의 구원에 대하여 감사하고 찬양을 드린다.

하나님의 사랑과 은혜에 힘입어 앞으로 나와 나의 가족, 그리고 나의 후손들은 주님을 섬기고 주님과 함께 동행할 것이다.

나의 두번째 삶

그날부터 나의 두번째 삶이 시작되었다. 그분은 정말로
내 마음을 두드리셨고 나의 죄를 깨닫게 하셨다. 그리고 나는 다시 한 번
주님께 내 삶을 완전히 내어 놓았다.

마리아 레오니다 빌레나

나는 로마 가톨릭 배경에서 성장했다. 어릴 적부터 가톨릭 교회의 합창 단원이었다. 난 매주 거룩한 성만찬에 참여했지만 여전히 내 삶은 그런 교회에서의 삶과는 정반대 생활이었다. 난 친구들과 어울려서 밤의 환락을 즐겼고 이런 부분을 감추기 위해 부모님께 거짓말을 하곤 했다.

내가 대학에 가게 되었을 때 몇몇 크리스천들이 복음을 전해 주었다. 그때 난 크리스천이 되었다. 그러나 난 내 삶에서 주님을 진심으로 따르지 않았다.

대학 졸업 후 난 다시 가톨릭으로 되돌아갔다. 난 공립학교에서 교리문답 교사가 되었고 동시에 한 교회(Parish Church)에서 봉사

하게 되었다. 그때부터 내 삶은 더욱 악화되었다. 난 그 교회에서 다른 교리문답 교사들과 함께 일을 하면서 주님을 따르고 있다고 생각했다.

나는 그런 식으로 주님께 봉사하는 것이 나를 행복하게 해줄 것이라고 생각했다. 하지만 아니었다. 난 여전히 만족하지 못했고 내 삶에서 뭔가가 비어 있는 것 같았다.

1999년, 내가 한국에 도착했을 때, 나의 계획은 가족과 나 자신을 위해 돈을 버는 것이었다. 그러나 하나님께서는 나를 위한 놀라운 계획을 가지고 계셨다(렘 29 : 11).

하나님이 나를 다시 찾으신 것은 그해 설날이었다. 그날부터 나의 두번째 삶이 시작되었다. 그분은 정말로 내 마음을 두드리셨고 나의 죄를 깨닫게 하셨다. 그리고 나는 다시 한 번 주님께 내 삶을 완전히 내어 놓았다. 예수 그리스도의 발자취를 따라간다는 것은 내 삶 전부를 하나님께 드리고 그를 전적으로 신뢰하며 날마다 나의 십자가를 지고 내가 경험한 하나님의 사랑을 내 가족과 친구, 친척 그리고 다른 사람들과 나누는 것을 의미했다.

1999년 5월, 제시 목사의 성도 중 한 사람이 나를 이곳 대림동으로 데리고 왔다. 그는 또한 나에게 수정교회에서 주님께 봉사할 것을 권고했다. 난 그가 해준 말을 아직도 기억한다.

"당신은 당신의 새로운 가족을 돌보게 될 것이고, 당신의 믿음은 이 교회에서 자라게 될 것이다."

그때부터 난 수정교회의 성도가 되었다. 처음에 난 찬양 팀에서 싱어로 섬겼다. 그리고 성도를 위한 신학교 교육 프로그램이 시작되었을 때 난 그 학생으로서 배울 수 있었다. 내가 하나님과 영적인 동행을 하면서 많은 오르막길과 내리막길을 경험했지만 하나님은 내게 언제나 신실하셨다. 그때부터 나는 주님을 섬기는 일에 전적으로 쓰였으며 리더의 역할을 하게 되었다.

현재 나는 주일학교 교사이고 찬양 사역을 계속하고 있다. 하나님께서는 당신의 영광을 위해 나에게 많은 축복과 재능을 쏟아 부어 주셨다.

"또 여호와를 기뻐하라 저가 네 마음의 소원을 이루어 주시리로다(시 37:4)."

이 말씀처럼 나는 나의 삶 속에서 하나님을 기뻐하는 삶을 살고 싶다. 그분께서 내 마음의 소원을 이루어 주실 것이다.

조일래 목사와 행복을 만드는 사람들

초판 1쇄 인쇄 • 2003년 12월 20일
초판 1쇄 발행 • 2003년 12월 25일

지은이 • 강옥남 외 41인
펴낸이 • 이종천
펴낸곳 • 오늘
등록일 • 1980년 5월 8일 제10-104호
주소 • 서울시 마포구 도화동 340번지
전화번호 • 719-2811(대)
팩스 • 712-7392
http://www.oneul.co.kr
Email : oneull@netsgo.com

＊ 저자와의 협의하에 인지는 붙이지 않습니다.

＊ 잘못된 책은 구입하신 서점에서 바꿔 드립니다.

··

• 편집에 도움 주신 분들
김동익, 김심순, 문예순, 백춘종, 안용환, 오삼숙,
윤영희, 이국화, 정우림, 홍효표
ISBN 89-355-0410-6 03230